佛教美術全集 參

中國金銅佛像

蔡志忠 ◆ 著

藝術家出版社

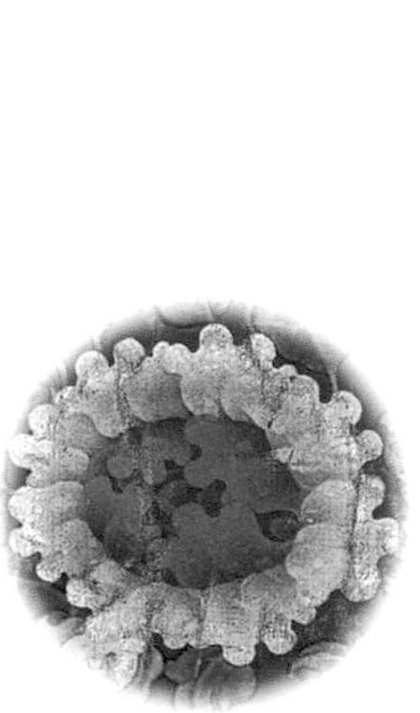

【金銅佛像的演化和特徵】

有人問我說：

「你是根據什麼書本去研究出每一尊佛像的斷代的？」

我回答說：

「把全部的佛像都排成一排，他們就全部招認了自己是屬於那一個年代」

他們又問：

「是怎麼招認的？」

我說：

「就像把一百年來台灣的女性依年代的衣服穿著和髮型排成一排，我們自然很容易看出那一位是光復前的台灣女性，那一位是屬於六十年代或九十年代。佛菩薩造像也一樣，如果我們把一千六百多年來的佛菩薩依他們的銘文年代排成一排，我們自然能一眼看穿這些佛菩薩造型的沿革變遷。同樣的，若我們再仔細觀察這些佛像的細部，如髮型、瓔珞、手釧、腕釧、天衣、手印、坐姿、台座、頭光、背光等等，我們也很容易看出他們個別的隨著時間而演變的過程。從這些十幾個細部的特徵與整體造型，我們便能很容易掌握一尊沒有刻銘文年代的佛像是屬於什麼年代，而其誤差的範圍，我相信不會超過前後各七十五年。」

每尊佛菩薩都有時代的臉孔

每個時代裡佛菩薩的細部裝飾也都有不同的特徵

獅子座佛陀（左頁圖）之側面圖

獅子座佛陀　五胡十六國　8.5×4.5×2.5cm　金銅雕刻

我是一個一出生就受洗的天主教徒，從懂得說話開始就到「道理廳」學習舊約、新約等天主教的教義、哲理與神話傳說和耶穌基督的生平、言行等故事。因此從小就養成了對哲學、宗學神學的高度興趣。也由於教堂裡有很多來自歐美的各種彩色漫畫，用來幫助兒童透過漫畫、插圖來了解天主教的教義和戒律，也因此而喜歡上漫畫，乃至長大後以漫畫爲業，成爲一個職業漫畫家。

七年前我移民到加拿大溫哥華，我常躺在玻璃花房的休閒長條木椅上，透過玻璃屋頂觀看天上的白雲觀想……我一直在深思我的行爲是不是太自私了一點？無論台灣的社會環境如何惡劣，一走了之到海外過著安逸的日子是不是太對不起這塊生我、育我的台灣土地？

四十幾年來，我從來都像一朵白雲一樣在扮演著自己，隨自己的心意浮遊變化，無論別人怎麼看我，我還是我！管他別人認爲我是白雲還是蒼狗……因爲我始終認爲一個人應該及早認清自己的能力與意願，並如實地將自己的志趣完全展露出來，雖然他並不爲人，但別人會從他的自我完成而得到好處。

就像一朵花會開、愛開，而把它開了……

一棵樹會長大，愛長大，而把它長大了……

一隻鳥愛飛、愛唱，而飛翔唱詠於天地間……

雖然花、樹、鳥都只是如實地完成他們自己的心願，但其餘的人們也因而受益，這也就是我們認爲的佛教精神——功德與布施。

但在那段看雲的日子裡，我慢慢地有了自己是不是應該爲別人多做一點事的想法？但…要爲別人做什麼呢？經過一段不算短的時日不停地思、想、搜、

舒坐如來　北魏　18.5×10×8cm　金銅雕刻

尋，我終於決定要畫佛經！比較正確的說法是畫出二千五百年前佛陀的思想言行。於是我開始大量看佛經、佛陀的言行和佛陀在世之前的印度各種吠陀思想，並整理了大量的佛學名詞的原義……。

直到一九九三年夏天我要開始把這些佛陀的思想經典畫成漫畫時，才遇到了佛菩薩的造型問題。我生長於彰化，初中讀的是位於八卦山麓的彰化中學，每天上學時都會與八卦山頂上的阿彌陀佛照面幾次。因此，身著通肩長袍、唇邊有著曲捲小鬍子的中年佛陀造像已經深植在我的腦海裡。但這種中國式的佛陀造型又很難將他放在印度的背景裡，與他身穿一塊兩丈布偏袒著右肩的弟子們放在一起……於是我到光華商場的骨董店去買了幾尊銅佛來參考，以決定是要把佛陀畫成有鬍子並身穿著通肩長袍的造型呢？還是比較接近印度東南亞的偏袒右肩的年輕造型的佛陀？

當十幾尊銅佛擺在我那極爲現代化的工作室裡時，才深深的被那莊嚴優美的造型所震撼。每天夜裡，我經常把其中的一尊佛像放置桌上，在檯燈投射中欣賞著那來自於千年之前的幽古寧靜與安祥……

這時我開始有了收藏一千尊銅佛的想法，同時也知道台灣的眾多收藏家裡並沒有專門以收藏銅佛爲主的，在市場上不會有強大的對手爭相收購，有利於我能有系統的收藏從五胡十六國以來各朝代的銅佛造像。

在開始收藏的第一年，有很多骨董商人知道我專收銅佛，常會要求到我的工作室參觀，本著互相學習的心理，我都大方的答應讓他們來鑑賞我的收藏品。有少數的骨董商在參觀之時，會以專家的口吻說：

「這尊佛像是明朝的，而另外這尊佛像我看有問題……」

「請問你是根據什麼認定它是明朝的佛像？又請問你從那些證據讓你發現

彌勒菩薩及二脇侍　北魏　18×5.5×5cm　金銅雕刻

那尊佛像有問題？」

「我在這行幹久了，手一摸就知道呀！」

「一位醫生不論他有多少年的經驗，但他如果判宣某一位病人得了那一種病，他一定是從病人病情的幾種特徵而得到結論的。而今我們鑑定佛像的年代與真僞也應該像一位專業醫生一樣，從經驗中歸納出有系統的鑑別方法。」

「哈哈……我是根據經驗啊！哈哈……經驗啊！要我講出什麼鑑別方法我可講不上來。」

從幾次與骨董商對談之後，我發現很少有人對中國銅佛的年代鑑定有深入的研究，市面上出版的有關銅佛的書籍裡面談的大多也只是佛像造像的淵源和一些高古北魏到唐朝、五代的銅佛造像鑑定。而對於宋元明清的斷代和造型的區隔，則所談的很有限，因此也激發了我想鑽研中國銅佛像斷代的決心。

我知道自己原本已經有了對中國歷史的了解，對佛教在印度興起和佛教東傳中國的整個過程的了解也有根基，而自己從事人物、漫畫三十年的工作經驗，大腦的記憶方法一向都是用畫面輸入的方式，對於造型的特徵有過目不忘的能力，這些能力能對佛像造型的研究有很大的幫助。於是我開始大量的蒐集中外所出版的佛像圖錄書籍，只要有銘文刻有年代的石雕佛像或是金銅佛像，我都一一毫無自我主觀的依實描寫。

這樣畫了三大本佛像造型筆記，再依年代的順序排列之後，再把一尊佛菩薩分析成天冠、帽繒、白毫、天衣、項圈、手釧、腕釧、衣服下擺、手印、坐姿、臉相、台座、裝飾花紋、背光、頭光、衣結等等，並一一依照年代抽離出來，再把這些資料擺在一起做歸納分析，佛像造型的年代特徵便毫無隱藏的顯現出來了。

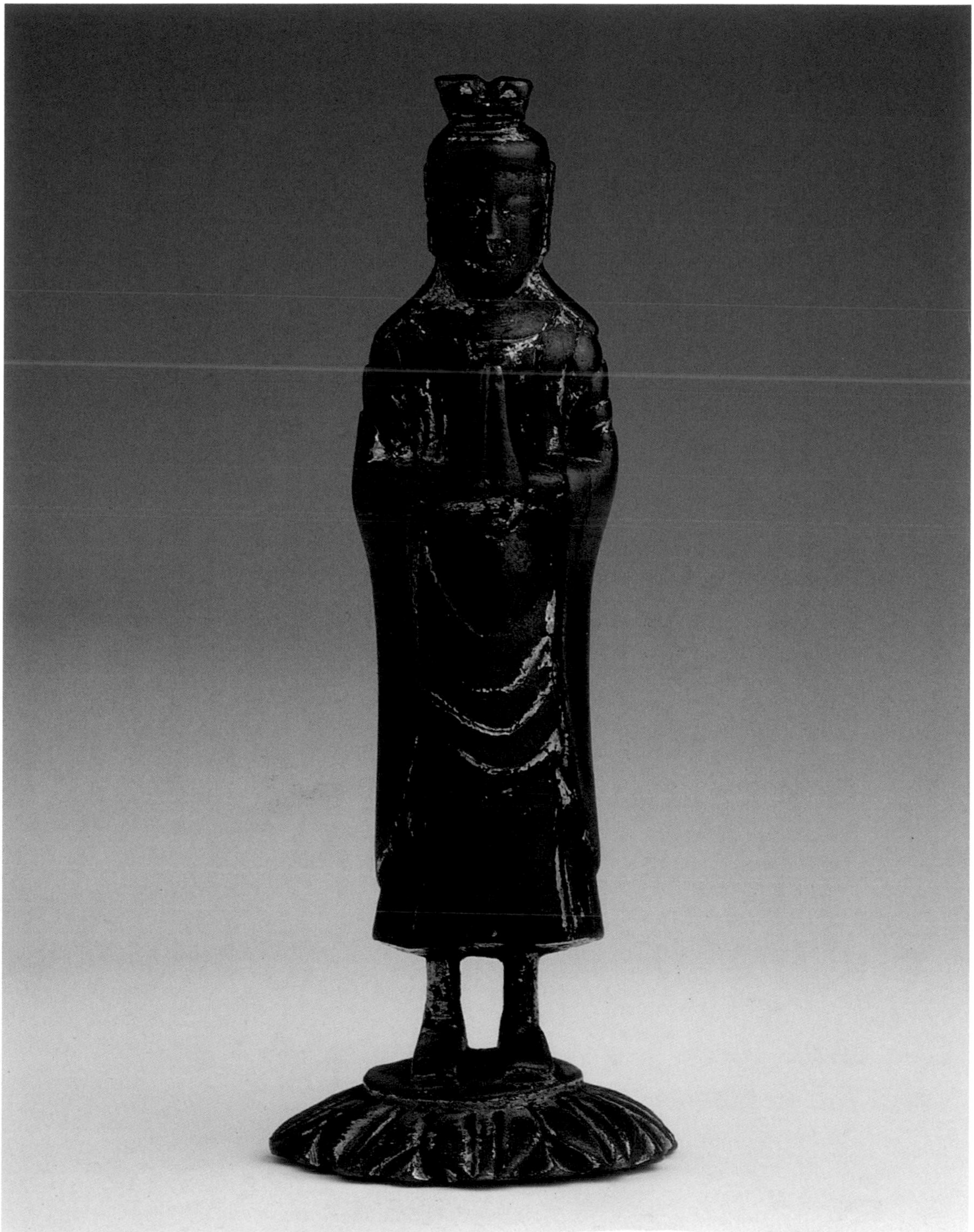

合掌如來　北魏　14.5×5.5×3.5cm　金銅雕刻

以下這些白描圖像便是我所做的描寫與分析……

佛教自東漢末年傳入中國以來，佛教造像也隨著佛教的廣泛傳播而逐漸興起。五胡十六國姚秦後趙時代的佛像還遺留有印度犍陀羅的風格，佛像的體型粗拙而莊嚴肅立，神情靜穆，直鼻堅眉、大眼厚唇、身材短壯，常呈西域胡人的髮形，臉上也常留著兩撇翹鬍子。南北朝時期，南朝爲秀骨清像；而北朝則因爲北魏孝文帝極力推展漢化，因而北魏的佛像也學南朝文士的造型而呈現寬袍大袖、褒衣博帶的清癯秀美的造像。

延昌四年（515 年）

景明元年（500 年）

後趙建武四年（338 年）

宋元嘉十四年（437 年）

那先比丘　北魏　17×9×4cm　金銅雕刻

神龜三年（520 年）

神龜三年

永平二年（509 年）

永平三年（510 年）

彌勒菩薩與二脇侍　北魏晚期　16×6.8×5cm　金銅雕刻

【北魏時期】

北魏時期在大同石窟所塑造的佛像造型常有高天冠、長帽繒、短袖、天衣等風格出現，帽繒在耳朵的上方也常做蝴蝶結，而這些特徵正好也是遼代佛像的特徵。因此我相信遼代佛像的風格不是由於時間的演變所形成的，而是山西大同地區的特殊風格。因爲大同雲岡石窟裡的北魏時期的佛像與遼代時期的大同下華嚴寺裡的佛像，所有的細部特徵都一樣，而下華嚴寺的遼代佛像的特徵，也正是被用來認定爲遼代的特徵。

北魏正光時期風格爲背光精美，背光頂端尖銳，此風延續至東魏。

【北魏佛像特徵】
雲岡石窟

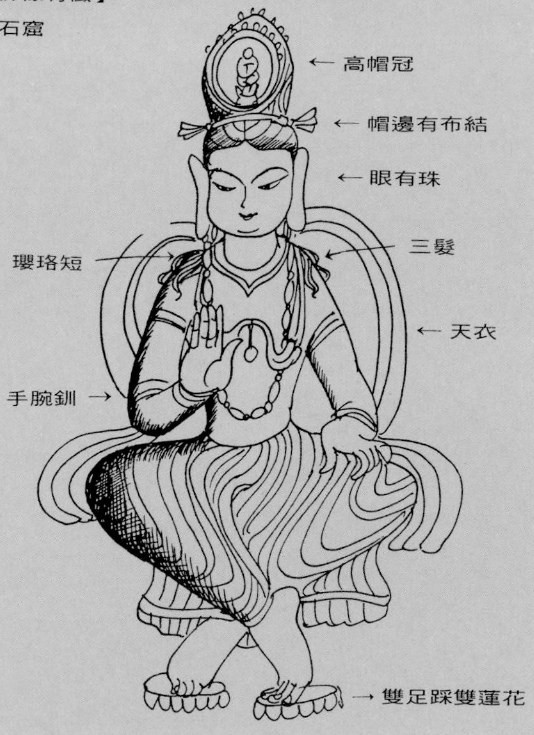

・遼代特徵其實是大同地區的特徵，山西大同下華嚴寺菩薩像是受雲岡石窟的影響。

施無畏如來　隋　19×4.5×4.5cm　金銅雕刻　（銘文：開皇四年）

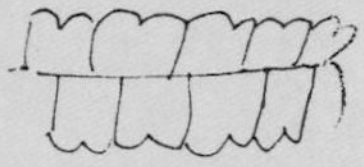

天安元年（466年）

北魏普泰二年（532年）

如來佛與二脇侍　東魏　20×9.5×6cm　金銅雕刻

【東魏時期】

常有兩層重疊的四足台座，而舟形背光圖案紋飾精美，背光的尖端非常尖銳。站立的佛像下擺已經慢慢向入縮，不像北魏佛像的衣服下擺有如飛鳥的雙翅一般，尖銳地向外伸展。

西魏大統八年（542 年）

東魏武定元年（543 年）

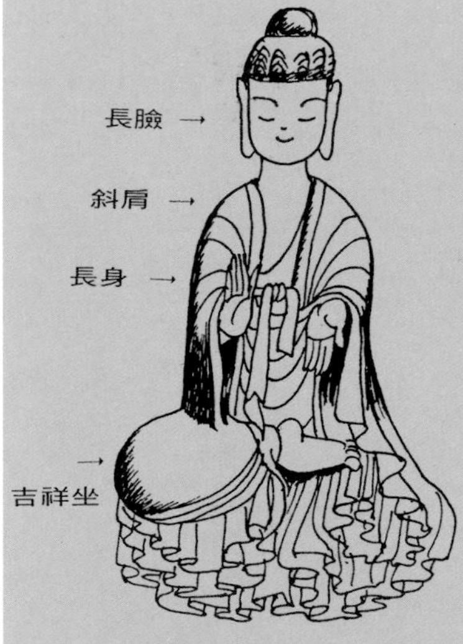

東魏天平三年（536 年）

東魏天平三年（536 年）

雙佛並坐　東魏　19×9×6.5cm　金銅雕刻

← 舟形背光精美，頂端尖銳，是正光時期風格的特徵

東魏天平三年（536 年）

東魏興和四年（542 年）

← 兩層重疊四足座

東魏元象二年（539 年）

與願如來　東魏　19×8×4.5cm　金銅雕刻

【北齊北周時期】

北齊北周時期的佛像造型特別優雅，身材、臉形也很均勻適中，髮形也常有特殊的呈現中分的反桃花尖的樣式出現。

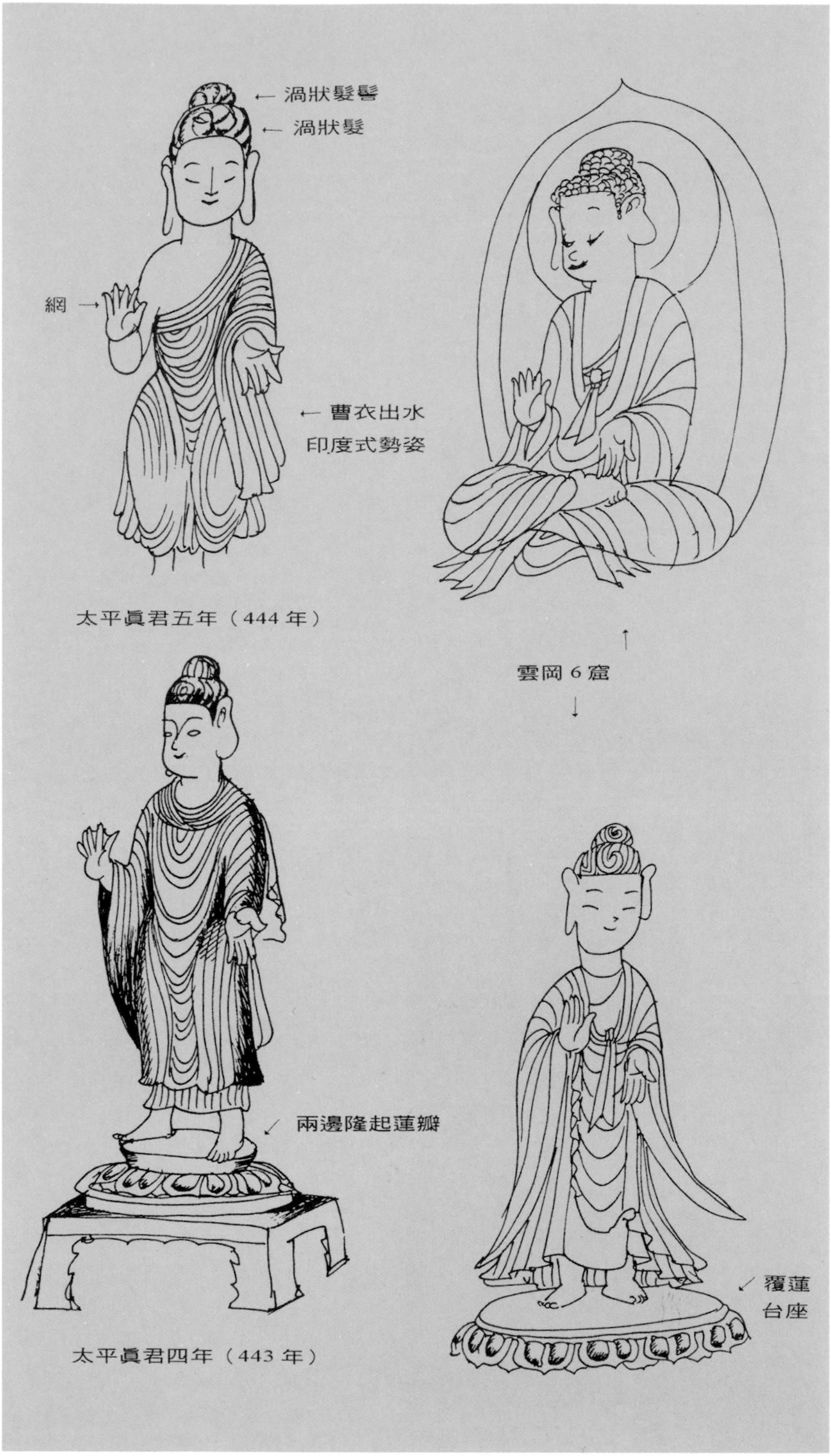

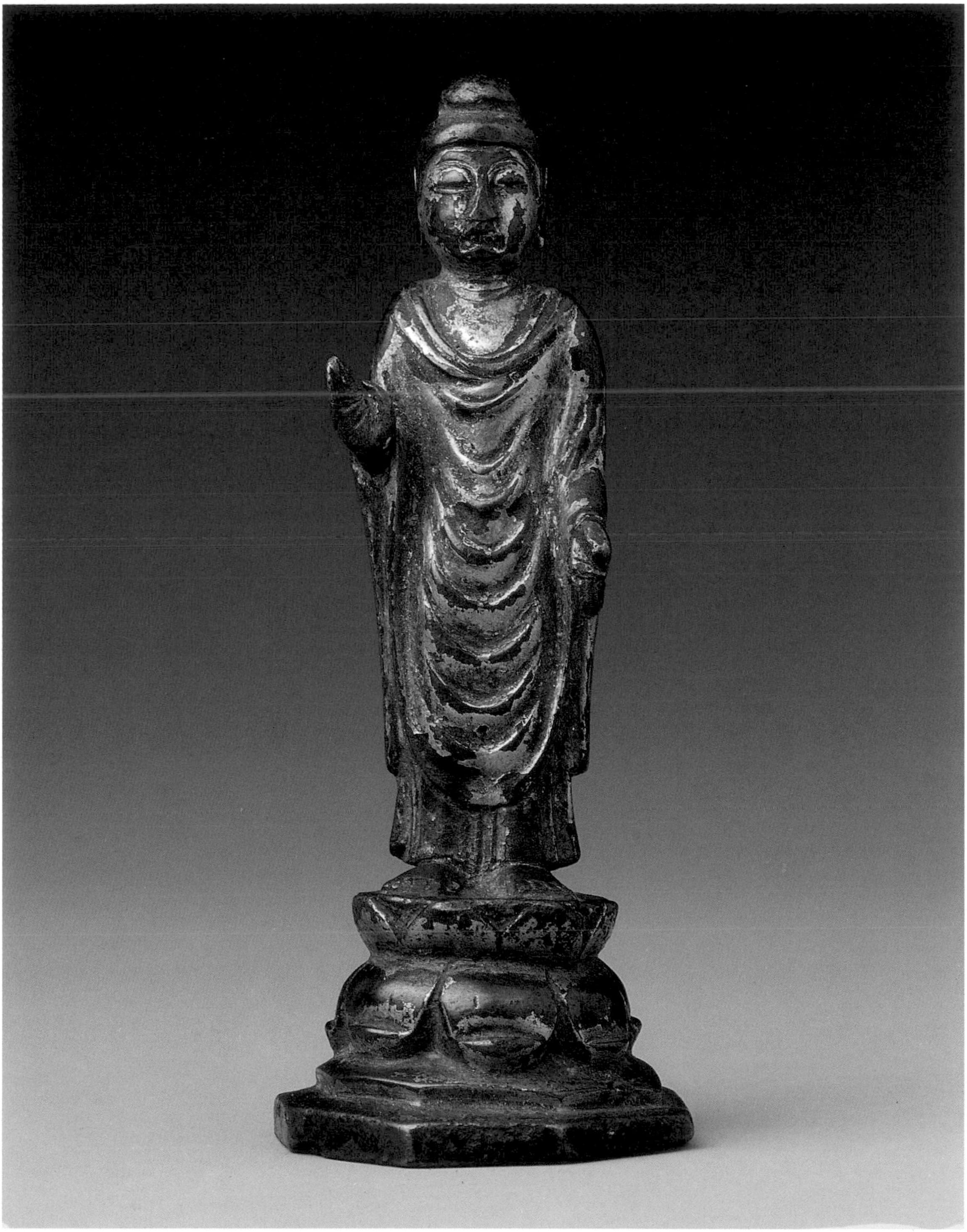

如來立像　東魏　11.5×4.5×4.5cm　金銅雕刻

天保九年（558 年）

天統五年（569 年）

天保十年（559 年）

武平元年（570 年）

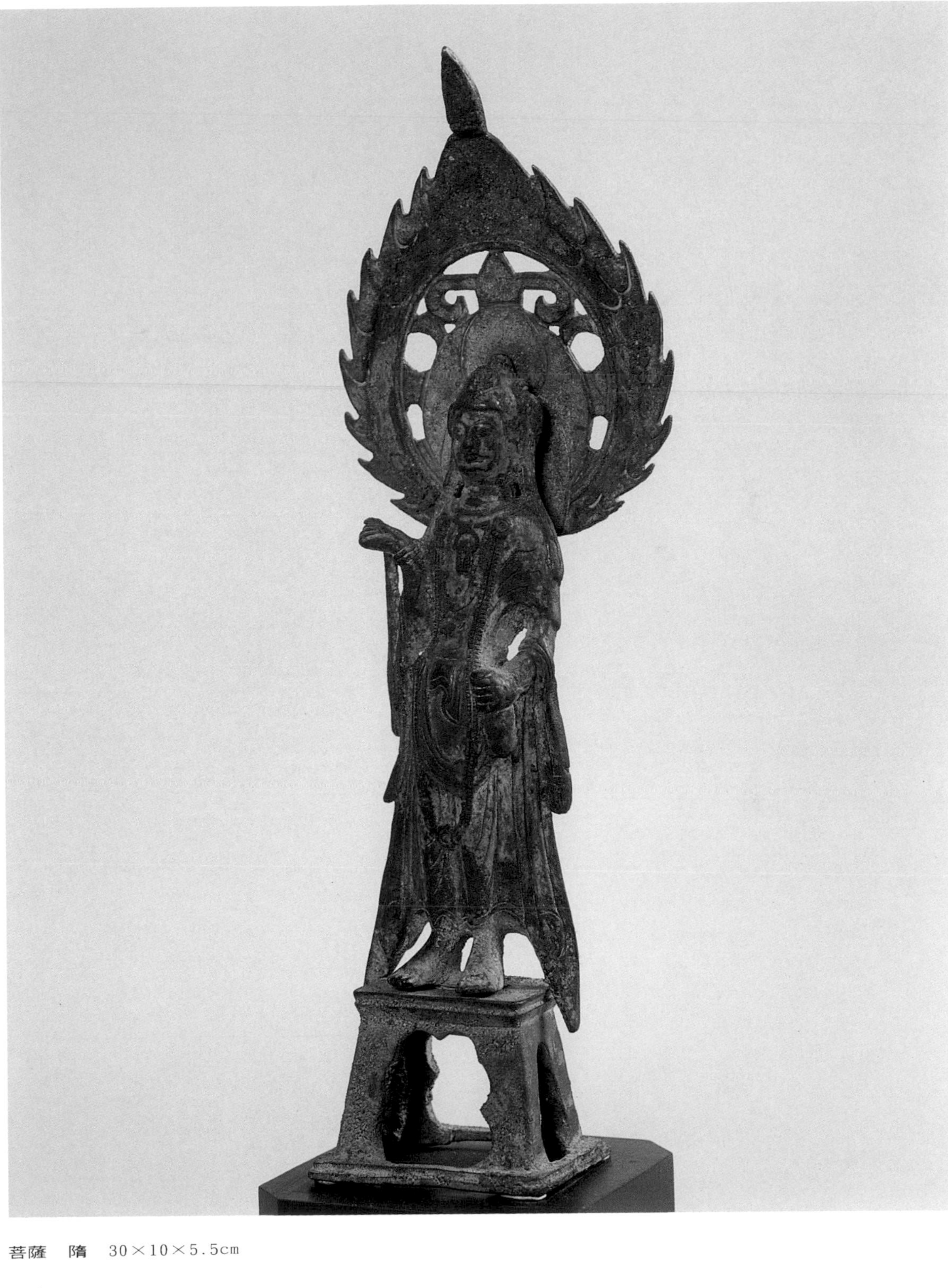

菩薩　隋　30×10×5.5cm

西魏大統五年
（539 年）

東魏興和元年（539 年）

東魏武定二年
（544 年）

彌勒菩薩　隋　21×6.5×6.5cm　金銅雕刻

【隋代時期】

佛菩薩的造像，身體常是圓體並左右相稱的直立像，額頭少有白毫，髮髻比較小而不明顯，額頭也比唐代的佛像高。也常有延續自北魏以來的背光，而唐代時期則少有背光出現，只有頭光而已。菩薩身上的瓔珞通常比唐代的精緻、繁多，頸部瓔珞短，披在身上的瓔珞常會長到繞過腳踝。有時不用瓔珞而改用布巾交叉於胸前。

隋代石雕佛像如果是立於圓蓮花時，蓮花下會再預留方形台座，並常在方形台座上方置有一對獅子。

從五胡十六國以來到隋代爲止，佛菩薩造像常會配有一對獅子以做護衛，這大概是延續印度時期佛說法的獅子座觀念的延伸。從佛像的這對獅子護衛也可以看出時代的不同演變，中國第一尊最早有銘文的佛像發現於收藏於舊金山金門大橋旁的亞洲美術館裡的後趙建武四年（西元 338 年）入定印佛陀，從這尊佛像台座所留下來的兩個圓洞來看，相信原本就是一對獅子。北魏時期的佛像也常在台座下方刻有一對獅子護衛著正中間的博香爐，如果是四足如板凳的台座，也常在正面的前兩足刻上供養人或一對獅子。而到了北魏太和元年（西元 477 年）獅子已經由台座的下方上昇至方座的束腰的部份，例如故宮博物院最近剛收藏的那尊有名的青銅鎏金釋迦牟尼佛。而到了隋代時期，這對獅子又上昇到台座的台面，唐時期已經少有這對獅子護衛的蹤影。故由獅子所在的位置，我們可以看出佛像的年代，獅子愈是處於低下的位置，佛像的年代愈高，如五胡十六國；獅子愈往上方上昇則佛像的年代愈低，如北魏太和或隋代。

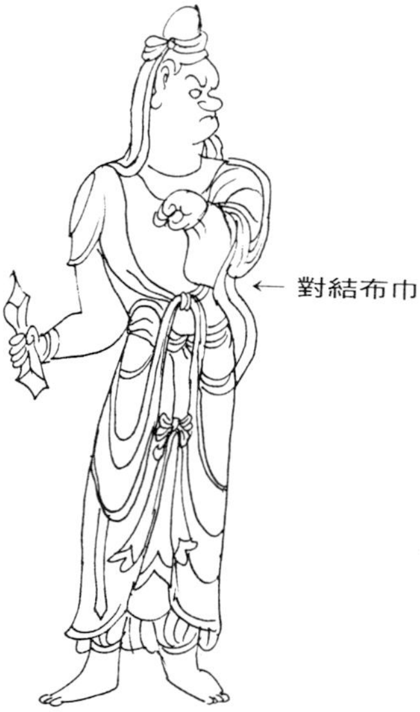

【隋代菩薩特徵】

①圓蓮花下方台座
②台座多有一對獅子
③頭冠時有
11 世紀特徵三角花冠飾
④頸瓔短，身瓔珞長繞至腳踝
⑤時有布巾對結胸前
⑥菩薩身呈圓體直立狀
⑦身上瓔珞通常比唐朝菩薩繁多
⑧四足立碑有背光
（唐朝時少有背光，只有頭光）

持瓶觀音　隋　24×9×7.5cm　金銅雕刻

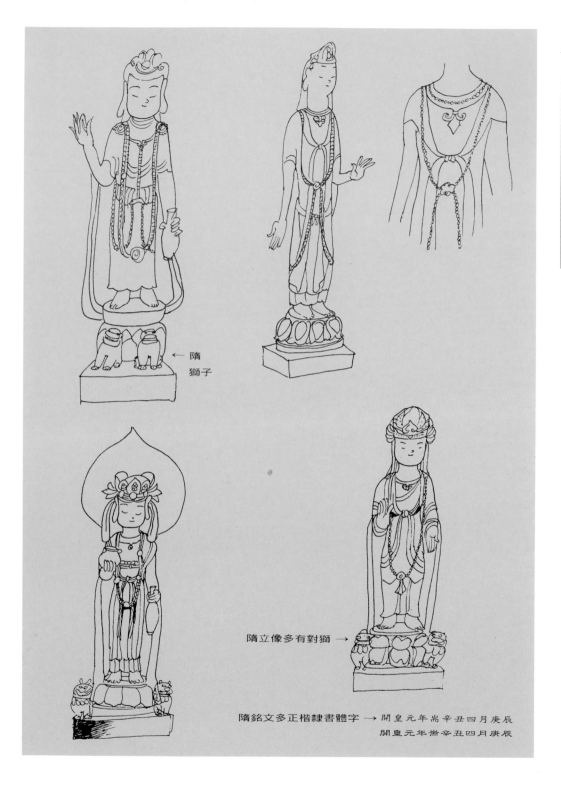

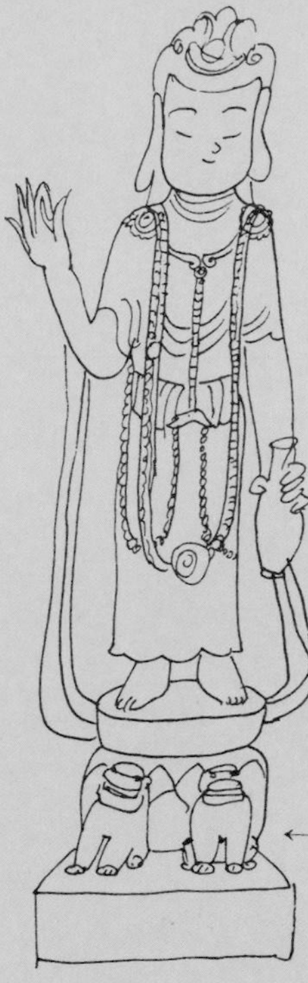

← 隋
獅子

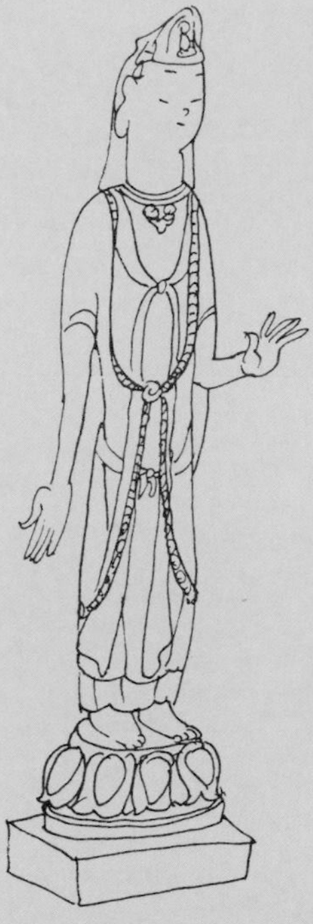

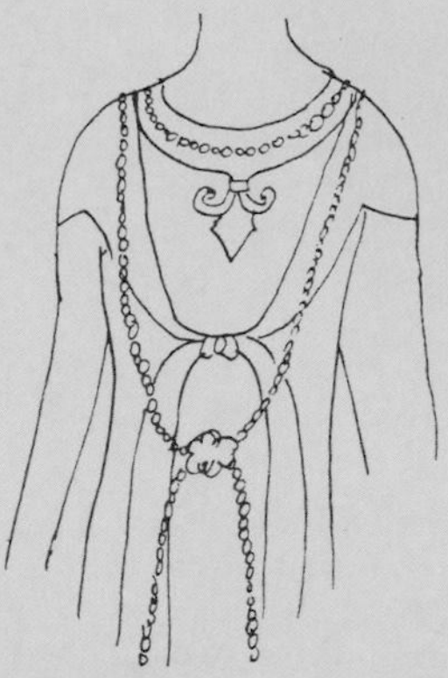

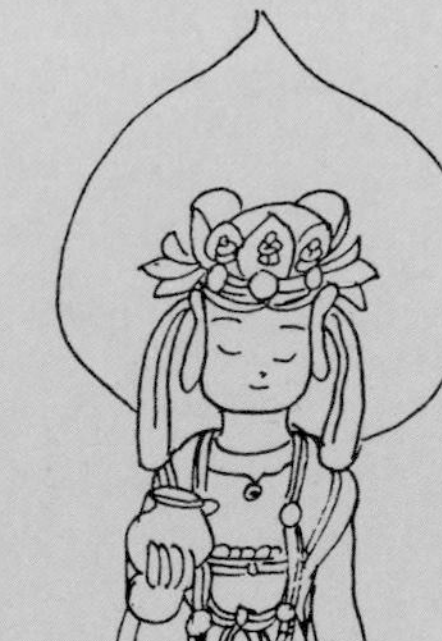

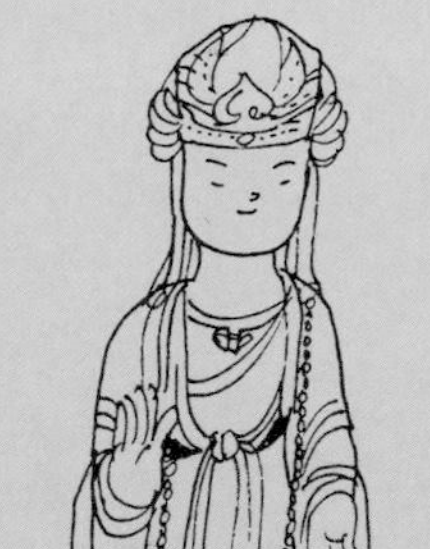

隋立像多有對獅 →

隋銘文多正楷隸書體字 → 開皇元年嵗辛丑四月庚辰

開皇元年嵗辛丑四月庚辰

彌勒佛　北魏太和二年十月二十日　11×4×2.5cm　金銅雕刻

圓臉 →
← 無明顯肉髻 →
【隋之特徵】
①無白毫
②髮髻不明顯
③頭額比唐高

北魏　11×3.5×3.5cm　金銅雕刻

【唐代時期】

唐代佛像的風格除了前面所說的只有頭光少有背光，和瓔珞漸少、沒有獅子之外，由於唐代國力強大興盛，因此唐朝的佛像也都呈雄壯有力的風格，身軀厚實、臉相圓滿、比例勻稱、衣紋流暢，整個佛像呈恬靜安祥、莊重含蓄又威嚴慈祥之貌。

但由於唐代時代很長，佛菩薩的造型又可分爲早唐、盛唐、中唐與晚唐四期，從持柳觀音立像來看，早唐的觀音立像比較接近隋代的風格，站立的身形比較正直，而隨著時間的演變，觀音也由早唐的直立飽滿富麗相貌逐漸演變爲體態優美，身形及身材富有變化的側向S形（與印度的菩薩像不同，印度是呈前後的S形），所以從菩薩身形的側S的幅度大小可以看出是屬於唐代的那一階段。

唐

唐

彌勒佛　大隋開皇十四年四月二十三日　17×5.5×3.5cm　金銅雕刻

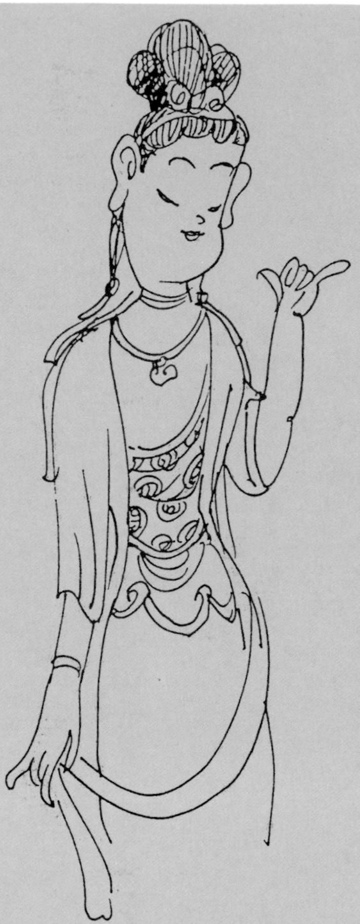

唐

四川廣元皇澤寺

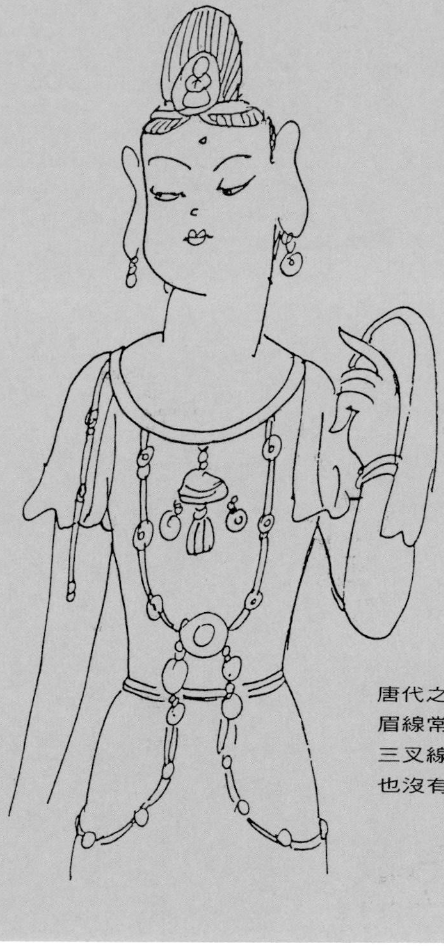

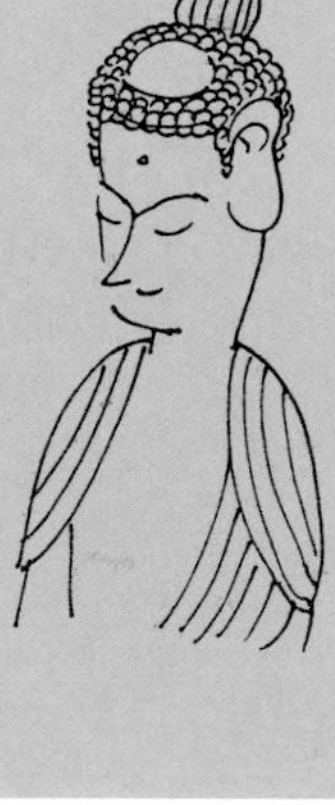

唐代之前，佛像顏面的眉線常與鼻線相連成一三叉線，遼宋以後就再也沒有這種情形出現。

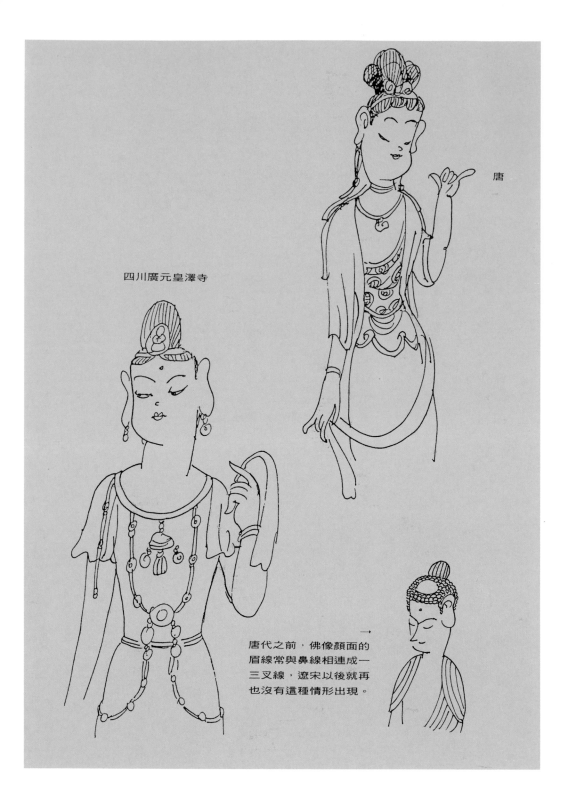

唐　13.5×5×4cm　金銅雕刻

【遼代時期】

遼代佛菩薩的造型很特殊，非常容易鑑別出來，這也很可能如我前面所說的遼代的風格並不是時代演變出來的風格，而是山西大同地區的地方性風格。

遼代的佛造像與別的時代不同之處很多，例如特殊的高帽冠，帽繒的緞帶很長而且在帽邊處綁有明顯的結，帽繒沿兩肩垂下後再分段打結處理。

遼代佛像的台座也極喜歡使用圓形束腰的蓮花台座，在束腰之處也常作雕刻鏤空的圖案，佛菩薩的坐姿常作一腳垂下的半跏倚坐。

遼

宋

遼

遼

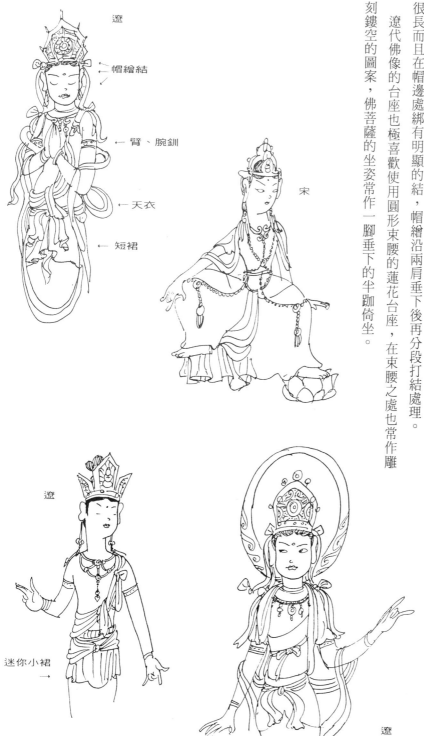

東魏　15×5×4.5cm　金銅雕刻

唐　12.5×4×3cm　金銅雕刻

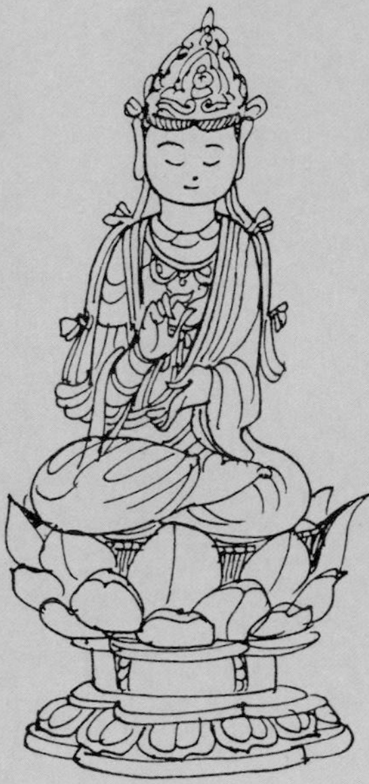

五代（907-960 年）

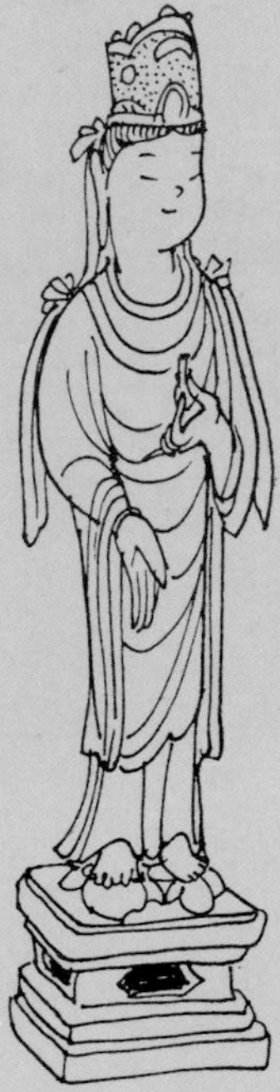

遼、宋

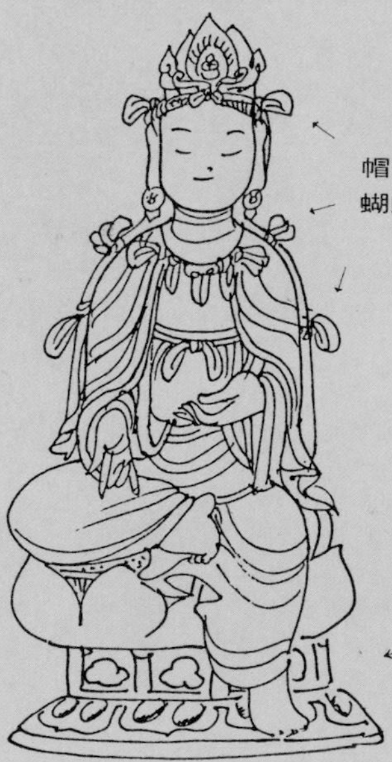

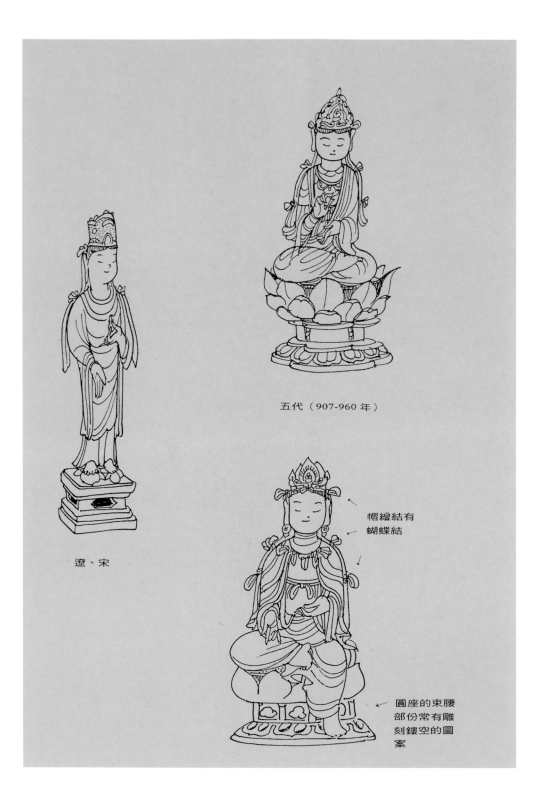

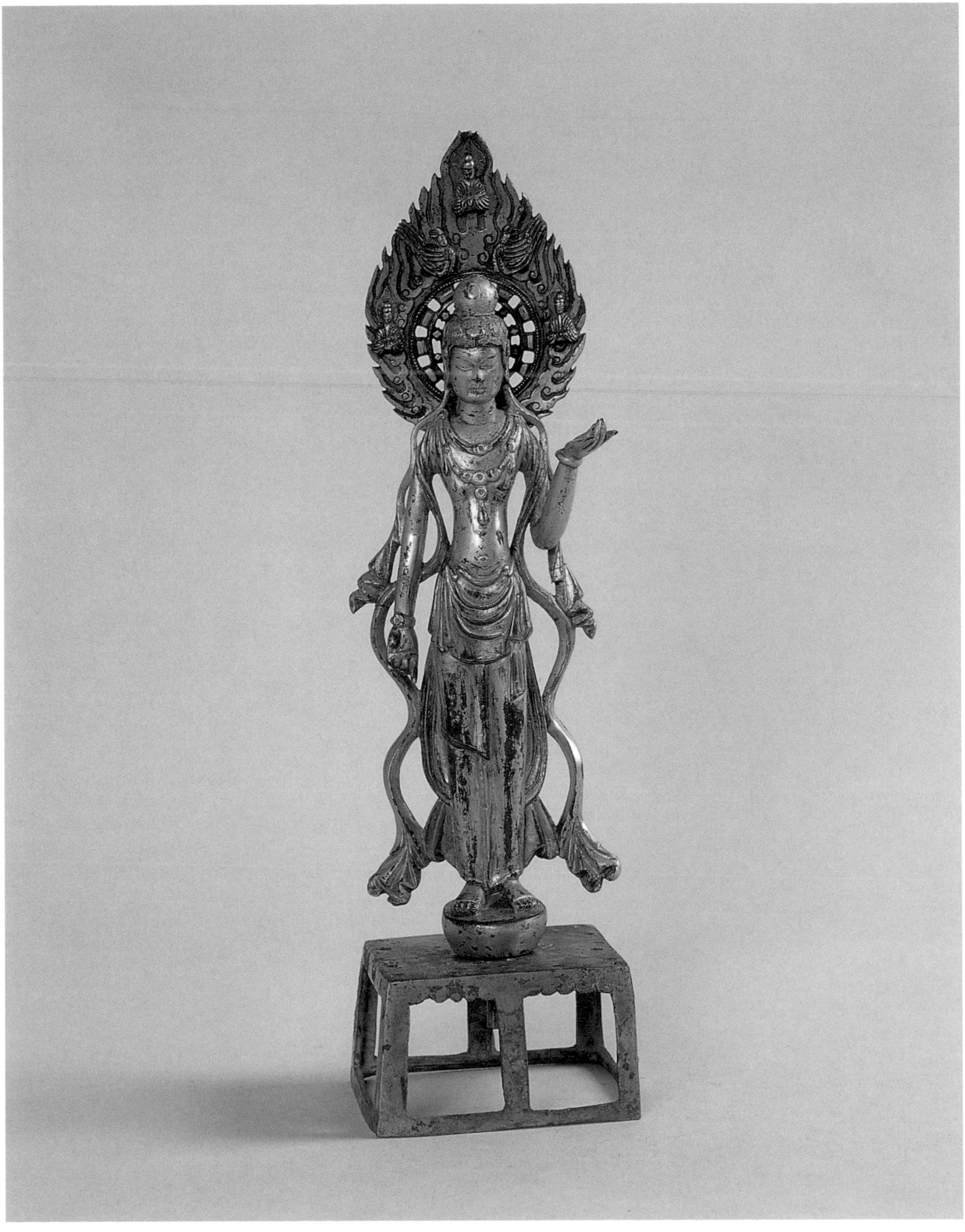

觀世音菩薩　早唐　35.5×10×9cm　金銅雕刻

宋熙寧二年（1069 年）

宋慶曆七年

宋元符二年（1099 年）

遼

五八連佛　唐　22×12.5×6cm　金銅雕刻

【南宋時期】

歷代銅佛造像最難以鑑定分別的要屬南宋時期了，由於南宋的銅佛出土極少，有銘文年號的銅佛範例也很少，因此要鑑定一尊佛像是南宋或是元朝、早明則十分困難。唯一可以掌握的倒是以宏觀的角度比較歸納所得到的部分……南宋的銅佛造像比較小，製作上也比較粗略不細緻，衣服的對襟寬邊沒有紋飾，通常坐姿呈半跏坐的右腳置於左腳之上，而腳掌也厚實多肉。這點也是鑑定佛像是否年代高過於元代的特徵，元代以後，正坐佛像都呈金剛跏趺坐，也就是同時可以看到左右雙腳的腳掌疊置於腳踝上。

另外一點就是此時期的菩薩不佩帶耳環。由於元代以後，歷代帝王都尊奉西藏的高僧爲國師，而西藏的佛像由進貢和密教的傳入中原，因而密宗佛像的風格也影響了中原的佛菩薩造像的演變。密宗的佛菩薩造像的儀軌非常嚴謹而統一的，製作佛像時都是依《造像量度經》裡所載，按照比例去製作的，若有不合乎經典的尺寸則將被判犯下妄造罪。

西藏密宗佛像影響中原佛像風格主要有以下這幾點：

一、戴耳環，南宋以前的菩薩幾乎都不戴耳環，有耳環的菩薩造像大都可斷爲元、明、清以後的作品。

二、雙臂的兩側有花草紋飾直達肩頭，並在花尖另立書、劍、寶瓶等表明該菩薩的身分。故，南宋的菩薩造像因爲還未受《造像量度經》的影響，兩臂左右側也不會有花草紋飾。

三、菩薩的體態比較接近真人七等身的比例，身軀的三圍也較真實有胸、腰、臂等婀娜多姿的曲線。

七連佛　唐　10.5×9.5×4.5cm　金銅雕刻

四、菩薩的瓔珞、手腕釧和項圈、天冠、白毫會飾有寶石和綠松石。

由這些密宗佛像的特徵可以用來反證一尊佛像是否南宋的佛像，凡是有這些特徵的必屬於元、明、清以後的佛像，而無這些特徵的才有可能有機會是南宋的作品。

【南宋銅佛像的特徵】

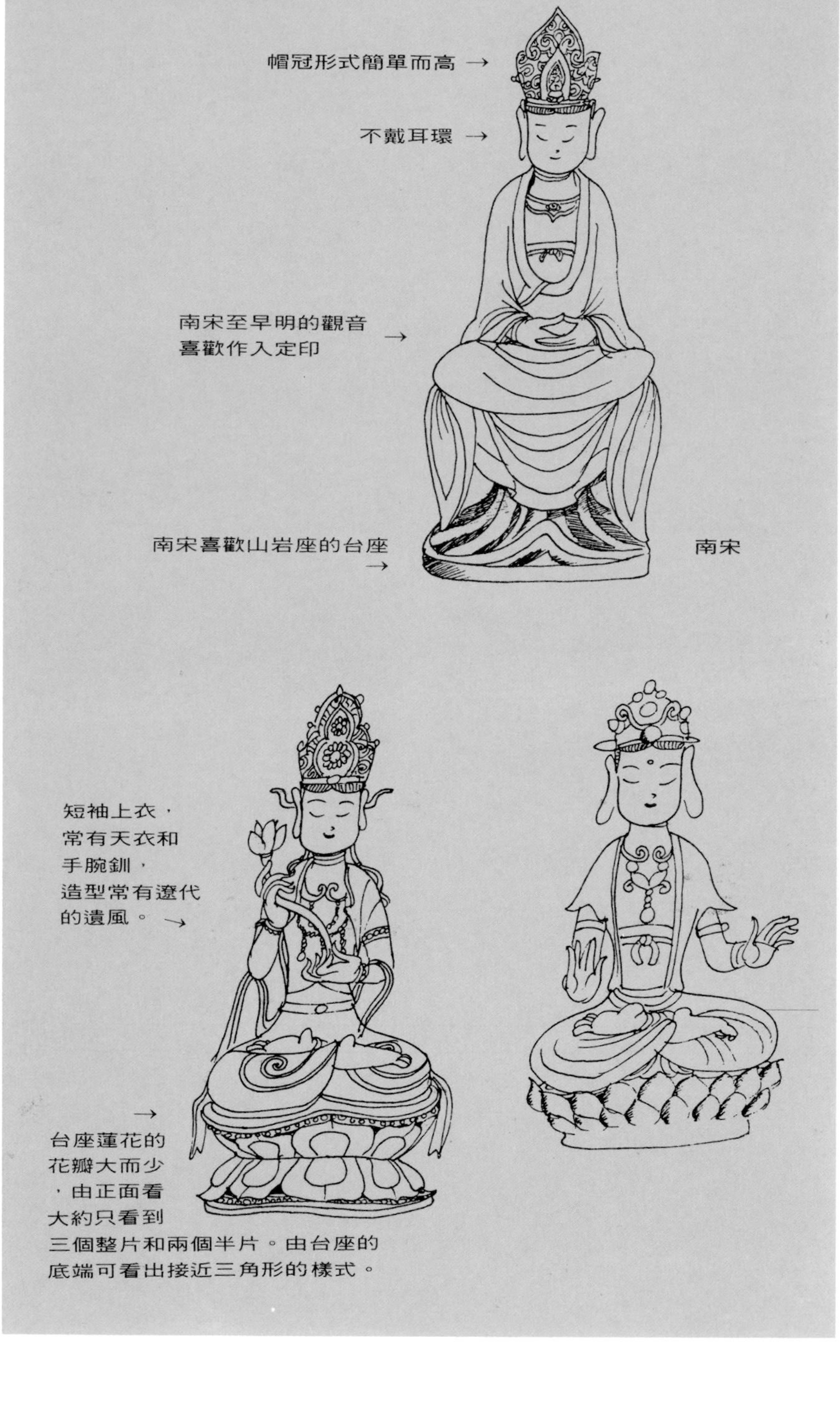
帽冠形式簡單而高 →
不戴耳環 →
南宋至早明的觀音
喜歡作入定印 →
南宋喜歡山岩座的台座
→
南宋
短袖上衣，
常有天衣和
手腕釧，
造型常有遼代
的遺風。 →
→
台座蓮花的
花瓣大而少
，由正面看
大約只看到
三個整片和兩個半片。由台座的
底端可看出接近三角形的樣式。

佛與二脇侍　唐　23.5×13×5.5cm　金銅雕刻

57

【元代時期】

佛教造像經過唐、五代、北宋的興盛之後，到了南宋末年時已漸漸衰退式微。到了元朝時，由於統治階級崇信喇嘛教，因而使得中原的佛像開始注入了西藏密宗的風格。

由於密宗佛像的形式與中原佛像不同，朝廷在京城設立了「梵像提舉司」，並在「匠作院」中分設石、玉、木、瓦等局，專司雕塑之作。並也從西藏請來尼泊爾造像高手阿尼哥、阿僧哥等人從事佛像的製作與指導。

因此元代的銅佛造像雖然傳世的不多，但由於造型特殊也很容易辨識。比較特殊之處是……

一、身形比例接近真人的七等身。（頭一身體六）

二、胸前的瓔珞常喜作雙U字形環繞一圈，有如東南亞地區的風格。

三、菩薩手臂兩側的花草紋飾還是比較少有。

元

持珠地藏菩薩　唐　21×11×8.5cm　金銅雕刻

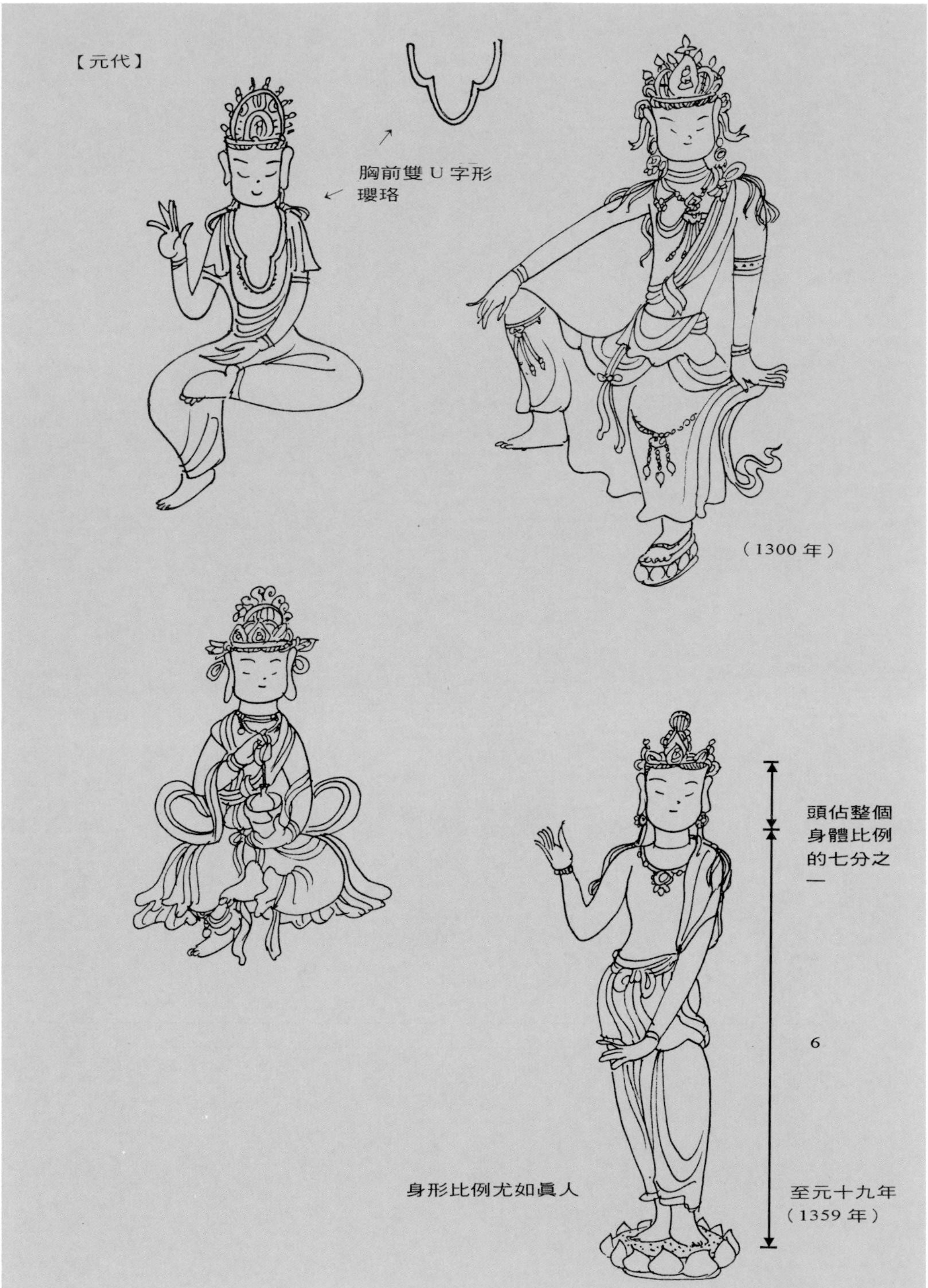
【元代】
胸前雙 U 字形
瓔珞
（1300 年）
頭佔整個
身體比例
的七分之
一
6
身形比例尤如眞人
至元十九年
（1359 年）

遊戲坐觀音　唐　18×10×6cm　金銅雕刻

【明代時期】

由於明朝由明太祖到末代皇帝崇禎十七年一共有二百七十六年，明代統治的時間很長，因而明代的佛像也依時間的前後而有所不同。永樂年間的佛像深受西藏密宗佛像風格的影響，製作得又非常的精細完美，今天在市場上也以這個年代的明朝佛像賣價最高。

明嘉靖、萬曆年間的佛像造型則較不受西藏的影響而發展出體態均勻、身形優美的造像。明晚期時候則出現了與歷代皆不相同的大頭佛像，比例上而言頭部非常的大，身軀也十分端正而無變化。

中國銅佛造像發展到明朝以後，已經不像唐宋以前的嚴謹，製作佛像的專業人員的自由度也比較高，而信眾的信仰上也比較傾向來世和現世的利益，因而衍生出各種新式的觀音。如受到「無生老母」形象的影響而發展出身穿白衣，坐於巖洞中的觀音老母像，和萬曆的母親李太后由於萬曆皇帝的推動而由凡人搖身一變成爲九蓮菩薩，而基於民間的需要，註生娘娘也分身轉化爲送子觀音。

自唐朝以來，道教由於佛教造像的興盛也開始有了各式石雕、木雕道教神像的製作，到了明朝，道教的神像也在數量和品質上達到與佛像並駕其驅的水準。天尊和老君等三清和三官大帝、玄天上帝、關公、藥王、靈官馬元帥等各種造型，有如永樂宮壁畫的精美神像，傳世得非常多，六丁六甲各種武將戰甲紋飾也製作得非常精細。如果說佛像製作最精美的年代要屬隋唐，到明清已經漸漸式微了。但是道教的神像則要數明朝時代才算真正的成熟，因爲在這之前並沒有太多好的道教神像傳世或出土。

說法如來（左頁圖）之側面圖

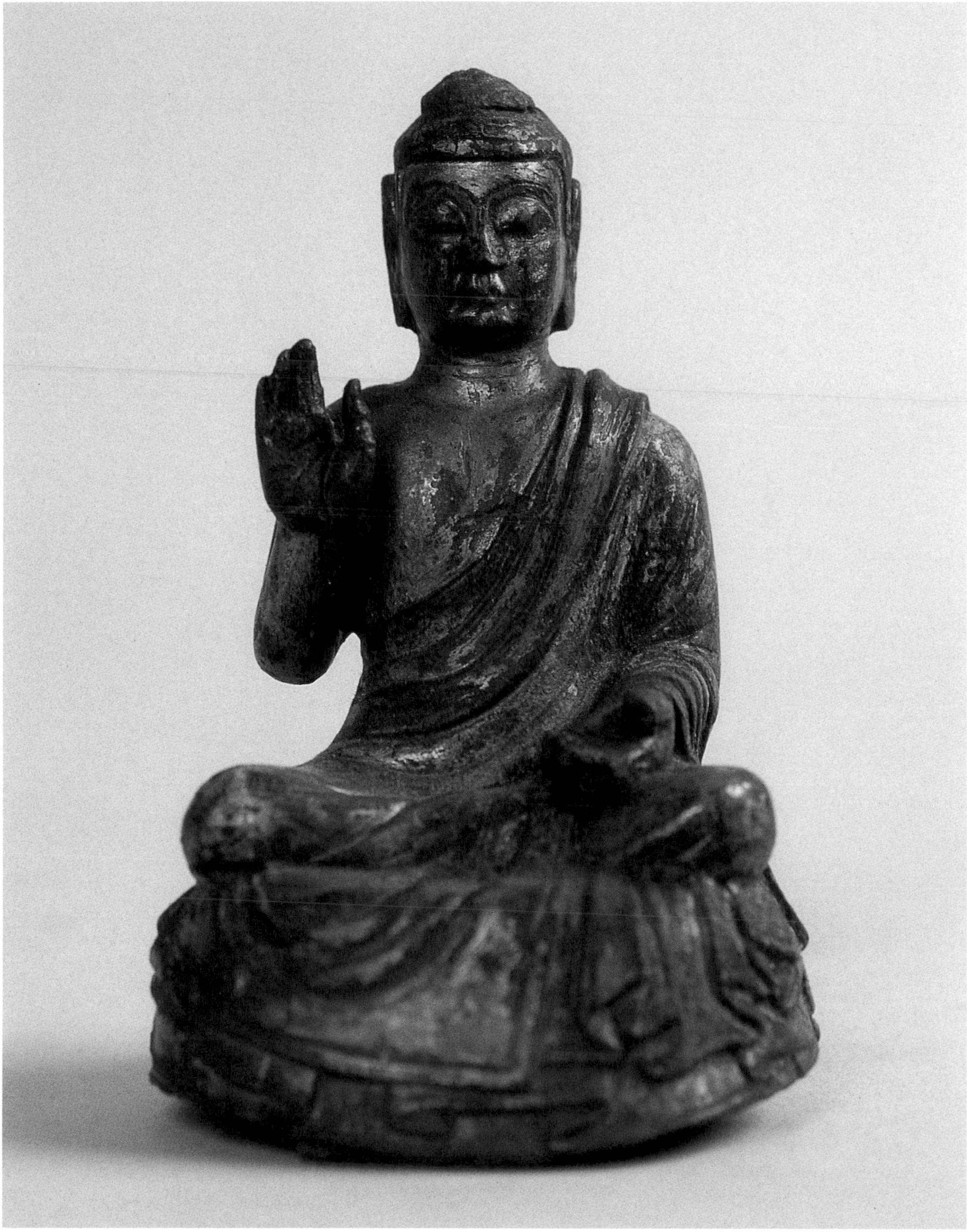

說法如來　唐　10×6.5×6cm　金銅雕刻

【明代】

晚明

早明

・永樂年製 ①有帶子
②工很細

三昧印　①供養印

②降魔說法印

佛涅槃之哀號弟子像　唐　7.5×3.5×4cm　金銅雕刻

【清代時期】

所有的文化發展都有其類似性，由簡潔有力逐漸變成繁複無力。無論是詩詞文章如此，繪畫、家具、陶瓷也是如此。佛像雕刻到了清朝也是由先朝的明快簡潔有力發展成繁瑣而創意不足。

清朝的佛像有別於前代的象徵手法而走向紋飾多、造型複雜的方向，無論是衣服紋飾或是台座也儘量朝向注重細節的地方發展，因而顯得不夠莊嚴，而且不耐久觀賞。

以上所談的種種，是以佛像造型的觀點來分斷歷代佛菩薩造像的演化，並分辨出每個時代佛像造型的特徵。

另外，我們也可以由美術的觀點來分辨出佛教造像傳到中國以後，在中國的發展出來的過程。而這種過程極似一個人由不會畫畫到最後自成一家的過程。

一個人從不會繪畫，由最初的臨摹學習開始，慢慢地技巧逐漸成熟，乃至自成一家，擁有自己獨立的風格而盡情揮灑發揮出萬丈光芒，慢慢地到了老年以後，又逐漸的失去了勇氣與原創性，而又落入了自我抄襲、了無新意的末代凋零時期……

佛教自東漢末年漢桓帝時期由印度傳入中國以後，佛像的製作也開始在中國興起。由美術的觀點來看，最初五胡十六國時期是中國佛教造像的萌芽期，在沒有自己風格之前的半生不熟階段，抄襲外來的文化，模仿印度所帶來的犍陀羅風格。因此這個時期的佛造像通常都作散髮、短鬚，形體粗拙的胡人像貌。

婆藪仙人（千手千眼觀音之護法）　唐　16×4×4cm　金銅雕刻

北魏到西魏東魏期間，慢慢加入本土南朝的文人身形衣著的風格，形成瘦扁的圖案風格。

北齊北周時代，由扁平的圖案風格改爲圓柱狀結實的身軀，衣褶線條簡樸一線到底的方式非常精練有力，只是姿態近似僵硬不敢隨意變化，這個階段的佛雕可以說是北魏時代風格轉向隋唐時代風格的過渡形式。

隋代雖然時間並不很長，由隋文帝建國到被唐高祖所滅，共歷時三十七年。但由於隋文帝和煬帝極力發揚佛教，重建寺廟和大力修造佛像，因此隋代的佛教造像在歷史上是個很重要的時期，就政治上是從分裂趨向統一發展時期，就藝術上是繼漢魏遺風，下開唐宋繁華之先河，是個承先啓後的時代。而佛像的造像之美也由先前的抄襲模仿，進而達到建立自我完整的獨特風格的完美境地。如果由我來評選中國金銅佛像最精美的作品，我選的兩件數一數二的精品則剛好都是隋代的作品，一件是目前收藏於美國波士頓博物館，原出土於河北趙縣的阿彌陀佛坐像（見下圖）。另一尊中國銅佛之最則是目前收藏於上海市博物館的佛三尊像（見下圖）。

當然唐代的佛像造型有股雄壯厚實、豐腴圓滿的貴族氣質，是造像極爲華麗的完美時期，但唐時代的造像已經消失了由北齊北周到隋代時期的那種氣質寧靜，和玲瓏剔透的那股佛像特有的靜穆閒適的靈性。因此我認爲中國的佛像造像最好的時期是隋唐時期，隋時代的幽靜秀麗氣質與唐時代的完美貴族氣息的佛教造像，爲中國佛像的兩種不同形態的高峰。

唐代的佛像不論是金銅佛像或石雕、壁畫、泥塑等，都有其一致的水準，這個時期由於唐代疆域的擴展，國力興盛等因素也反映在佛像的造型上，唐代的佛像器度很大，造型的比例非常完美，貌條多呈一線到底，果敢有力，

佛三尊像（右圖）
阿彌陀佛坐像（左圖）

自在觀音　唐　15.8×8×5cm　金銅雕刻

佛菩薩的臉不像我們一般平凡百姓的臉孔而是一種高於庶民的貴族氣息。

如果由我們的觀點來看，五胡十六國的佛像造型像是外來的外國人；北魏東魏的佛像則有點像是不食人間煙火的修行中的高士；而北齊北周到隋代的佛像則像是剛開悟求得佛道，由彼岸來到凡間廣救世人的超凡出世神佛，有股悠然寧靜的氣質；而唐代的佛像則像是出自於帝王貴族，血源家世與庶民不同，有一種令人不敢隨便親近與高攀的感覺。

由於唐武宗的滅佛，佛教的傳播方式也由財力勢力極大的寺廟僧團轉為生活化和世俗化的方式在民間流傳。

宋代佛教的信眾，由前朝的帝王貴族轉變為民間的老百姓，這時期最興盛的宗派是一日不作一日不食，自力更生的禪宗和世俗化的淨土宗。佛菩薩的造型也由崇高完美的貴族氣息轉變為極富民間色彩的庶民造型，北宋時期的大型木雕觀音像的臉孔還保留有一絲唐時代風格的氣質，到了北宋晚期如大足石窟裡的石雕菩薩的臉孔已經慢慢地變成一般庶民的臉，有如鄰家的媽媽一樣令人親近，呈現和祥親切的相貌。

元時代由於統治階層有意引入藏傳佛教，佛菩薩的造型也由純中國式而慢慢混合了西藏、尼泊爾的風格，出現了一種寬肩細腰、紋飾瓔珞精細並常鑲有綠松石的鎏金佛像。佛菩薩的種類也由原本大乘佛教禪宗、淨土宗等所供奉的三方佛、三世佛、三大士、四大菩薩和阿難、迦葉二弟子等三世十方諸佛菩薩等，再加入了西藏密宗所供奉的重要神佛，如白度母、綠度母、彌勒、蓮花生、宗喀巴、大黑天神、金剛薩埵、持金剛神等，和多面多臂的五大金剛護法神和男女合體的雙身像。這種顯出佛教諸神佛同時在中原盛行的狀態，也由元朝開始一直流行到明清時代，而明朝時期可能受到這種多樣性佛教神

說法佛陀　唐　29×21×16cm　金銅雕刻

祇的影響，鑄造佛像的師匠們也比較自由發揮，很多佛菩薩的造型比較不按照從前的儀軌，例如原本菩薩天冠上的阿彌陀佛化佛，本爲觀音菩薩特有的註冊商標，而此時也會在文殊和普賢的天冠出現，觀音菩薩的坐騎也有金毛獅子、豺、麒麟、羊等各種形式不一而足，而中原佛像的手印和坐姿也由於藏傳佛像的影響，多作五方佛的手印。

清代延續著明代的風格，但佛教造像已經慢慢式微，比較值得一提的是清代時由於帝王極信仰佛教，如順治皇帝幾次想出家、乾隆皇帝爲母親建立佛殿並製作十萬尊長壽佛。

清代製作的羅漢像特別多，乾隆時期有鎏金琺瑯羅漢的製作，清代的銅雕大師石叟除了製作觀音像很有名之外，他也製作了很多造型奇特出俗的羅漢像。晚清佛教造像雖然逐漸走入精雕細刻的工藝裝飾風格，但可以稱讚的優秀作品不多，唯獨由四川民間藝人黎廣修爲雲南昆明筇竹寺所作的彩塑五百羅漢像獨放異彩，尤其以正殿兩壁所作的羅漢群像最生動。

清代時期中國的佛教造像也像是一個年老的藝術家失去了勇氣和魄力，而逐漸走入裝飾性的繁瑣無力、纖弱無氣魄的缺點。民國以來直到今天，我們在兩岸的寺廟中看到新製作的佛像都已經失去了一千六百多年來佛教造像傳承的那股文化內涵，所塑造出來的佛像除了外表的金光閃閃或色彩華麗之外，已經缺少了內蘊所散發出來的那股莊嚴與神聖了。如果要恢復到像隋唐時期的水準，除了期望今後佛教信仰能隨著時間慢慢的逐漸興盛之外，還得冀望佛教寺院的負責住持能有知人善用的氣度與眼光，和從事藝術的畫家、雕刻家肯真心的投入，百年後大概還可以做出一點成績出來吧。

（右二圖）

長壽佛 清 金銅雕刻

說法如來　唐　27×20×14cm　金銅雕刻

【佛教造型細部分類分析】

隨著時間的演變……
熵值逐漸增加，
這是物理定律，
也是中國佛像演變的定律。
「一切都是由簡而繁，
由少而變多，
由粗獷而變精細，
世間的一切事物是如此；
而中國的佛教造像也是如此。」

就一尊佛像，我們憑經驗或許可以知道它是屬於那一個朝代所製，但如果要說出爲何他是這個年代的佛像，我們勢必要提到很多細節的特徵來證明自己的觀點。因此我們也可以把各個朝代的佛像的作細部分類，來分析歸納出每一個朝代佛像的細節特徵。

施無畏印如來　唐　30×11×11cm　金銅雕刻

【台座】

五胡十六國時代，佛座常作方形獅子座，慢慢地由於西域人喜歡坐胡床高談闊論，佛座也發展出中國獨有的四腳胡床式的台座。

北魏太和時期則流行方座束腰，而佛座的那對獅子也上昇至束腰的部份站立著。方座束腰的形式一直流傳到唐、五代和遼時代，元明清以後這一種型式的台座逐漸消失。

由台座來分辨年代時，可由形式大小粗厚或短細來辨識。最初方座爲主流，圓座爲副流。如五胡十六國到北魏期間佛台座通常都是方座或方座束腰，慢慢的，到唐朝才開始興起六角台座、八角台座……遼代時由於台座的型式極喜歡採用下半段是八角台座，而於台座上方採用蓮花做爲佛菩薩的坐墊，因此比較小型的銅佛就把這種型式減化爲圓座束腰。由於佛經所提到的須彌山也是上下兩端寬廣而中間部分較細，因此圓座束腰型式的合座又稱爲「須彌座」。

由胡床臥榻改良而來的四腳板凳座則是由最初期間的粗重原實慢慢地變成細薄平扁，由北魏期間的高長演變到唐時代的低扁。隋代以前，台座的四腳下方少有做連接，但到了唐代，台座四隻腳的前方正面的兩隻座足下方先有一橫槙相連，到了後來，後方的兩足也同樣的相連，最後四隻腳的下方統統連接起來成爲一扁平的四方框架。

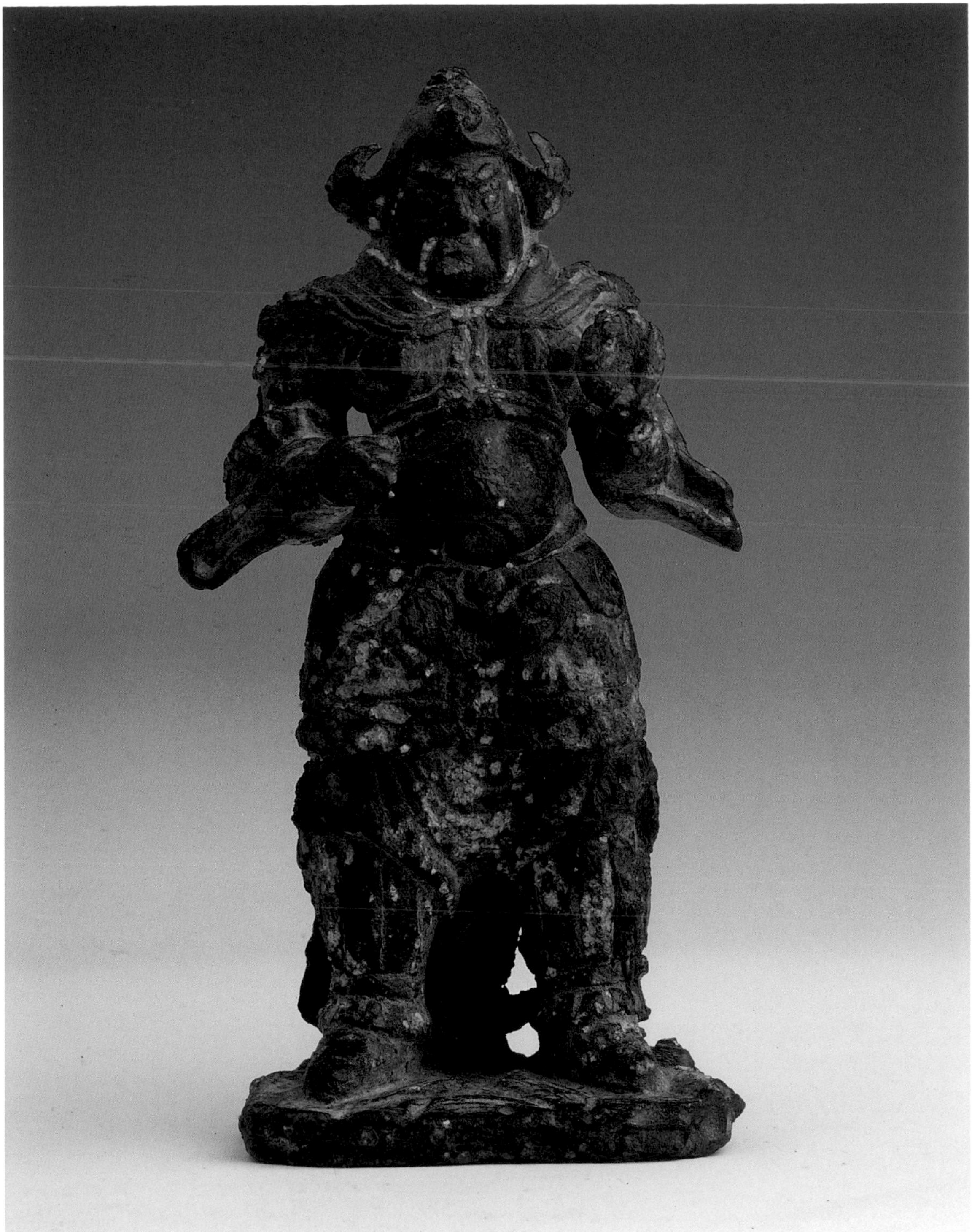

護法天王　唐　14.5×7.5×4.5cm　金銅雕刻

【台座】

五胡十六國

元嘉二十八年

北魏太和年間

高足
宣字
台座

太和十三年

北魏至東魏

觀音　唐　14×4.5×1.5cm　金銅雕刻

北魏期間的四腳台座厚實
而下方向外伸展

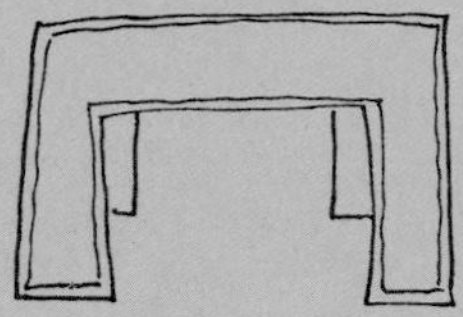

到了隋唐時代，慢慢地變精細扁平，
下方也往裡面縮，而形成正方形。

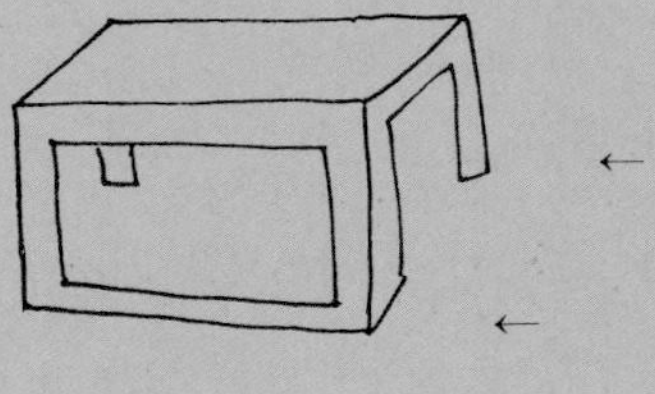

① 唐時代開始在前兩腳連接，
② 後來於後兩足也互相連接。

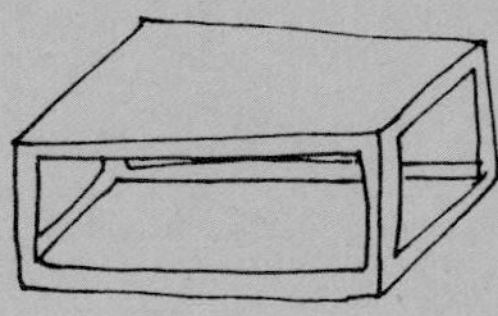

最後變成一種四足都相連，
極像坐榻的形式。

如來　五代　10×2.5×2cm　金銅雕刻

【蓮花台座】

由於遼代流行蓮花八角台座的形式流傳到宋元明清時代時，改以兩種形式存在，一種是束腰，另一種是蓮花……

束腰的後續發展到了南宋時期還是維持著上半段是蓮花，中間束腰，而下段變成四方形有四短足的台座。到了元、明時期，上半段的蓮花消失了而轉變爲岩石平台束腰式的岩石座，而在束腰部分鏤空雕上蓮花荷葉等半浮雕圖形。

【蓮花台座】圓座束腰的後續發展

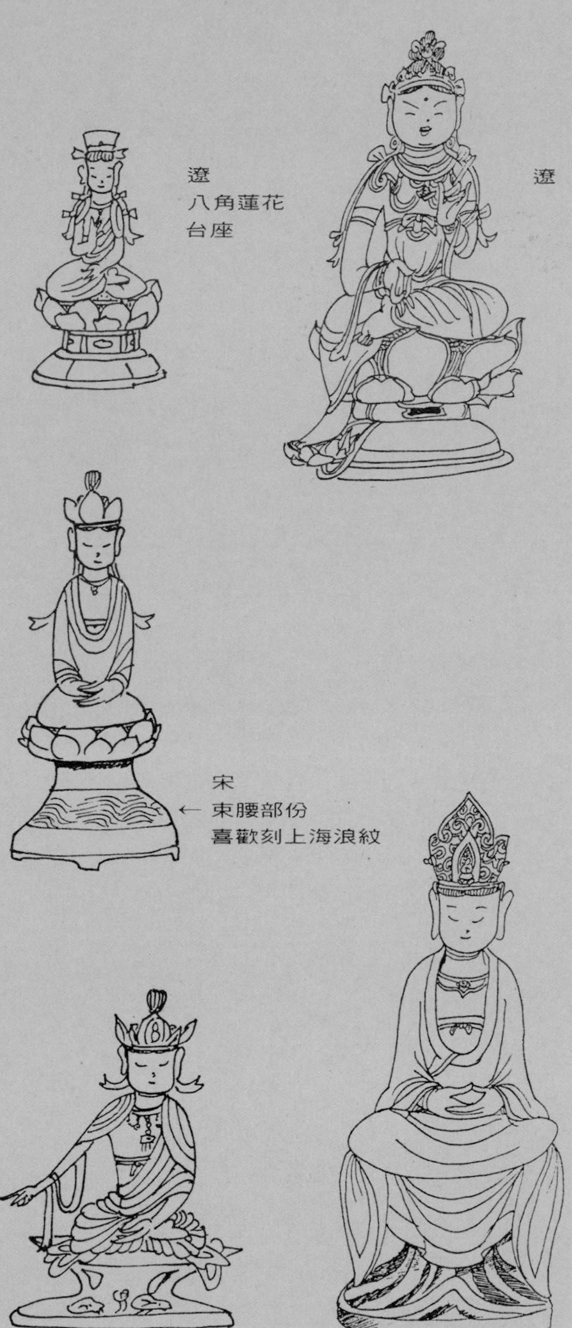

明　蓮花荷葉紋飾

宋　岩石台座

火焰光如來　五代　30×19×8cm　金銅雕刻
（燄肩或火燄背光源出於《佛本行經》所載‧‧‧，釋迦如來於降伏外道時，
「身上出火，身下出水」的神變傳說。）

另外一種蓮花台座的演變則是變成上下蓮花相對稱的方式。

【蓮花台座】的後續發展

宋
← 蓮花瓣中間
有兩股凸出部份

↑
花瓣少，約三片

南宋

元、明
← 蓮花瓣的中間
只有一股凸出部份

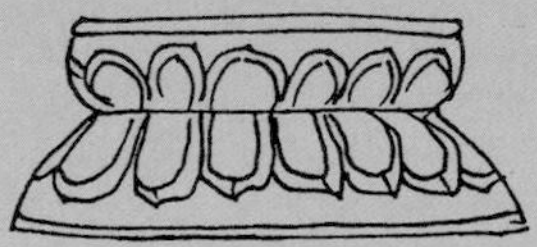

清
花瓣多，
約有五片或七片、九片

由正面看只能
看到三片蓮瓣
↓

早期的蓮花台座延續遼代的蓮花束腰台座的風格，由正面看去只看得到三整片和兩個半片花瓣，因此早期的對蓮台座的花瓣也只能看到三整片和兩個半片花瓣。元、明、清以來，愈是晚期，所出現的蓮花瓣就愈多。

明代的另一種蓮花台座

台北市100重慶南路一段147號6樓

藝術家雜誌社 收

廣	告	回	信
北區郵政管理局登記證 北台字第7166號			
免	貼	郵	票

市 鄉鎮 路
縣 市區 街
段 巷 弄 號 樓

姓名：

電話：

人生因藝術而豐富，藝術因人生而發光

藝術家書友回函卡

感謝您購買本書，這一小張回函卡將建立起您與本社之間的橋樑。您的意見是本社未來出版更多好書的參考，及提供您最新出版資訊和各項服務的依據。為了加強對您的服務，請將此卡傳真（02）3317096・3932012或郵寄擲回本社（免貼郵票）。

您購買的書名：＿＿＿＿＿＿＿＿＿＿ **叢書代碼**：＿＿＿＿

購買書店：＿＿＿＿ 市（縣）＿＿＿＿＿＿ 書店

姓名：＿＿＿＿＿＿＿＿ **性別**：1.□男　2.□女

年齡：1.□20歲以下　2.□20歲～25歲　3.□25歲～30歲
4.□30歲～35歲　5.□35歲～50歲　6.□50歲以上

學歷：1.□高中以下（含高中）　2.□大專　3.□大專以上

職業：1.□學生　2.□資訊業　3.□工　4.□商　5.□服務業
6.□軍警公教　7.□自由業　8.□其它

您從何處得知本書：
1.□逛書店　2.□報紙雜誌報導　3.□廣告書訊
4.□親友介紹　5.□其它

購買理由：
1.□作者知名度　2.□封面吸引　3.□價格合理
4.□書名吸引　5.□朋友推薦　6.□其它

對本書意見（請填代號1.滿意　2.尚可　3.再改進）
內容＿＿＿　封面＿＿＿　編排＿＿＿　紙張印刷＿＿＿

建議：＿＿＿＿＿＿＿＿＿＿＿＿＿＿＿＿＿＿＿＿

您對本社叢書：1.□經常買　2.□偶而買　3.□初次購買

您是藝術家雜誌：
1.□目前訂戶　2.□曾經訂戶　3.□曾零買　4.□非讀者

您希望本社能出版哪一類的美術書籍？

請列舉：

經行如來　五代　33×13×13cm　金銅雕刻

宋代的蓮花台座延續遼代的蓮花束腰台座風格，由正面看去只看得到三片蓮瓣，慢慢的蓮瓣愈來愈多，到了清代時蓮花台座的花瓣已經從三片變爲五片、七片、九片了。因此上下對蓮式的蓮花台座如果花瓣愈少年代就愈高，花瓣愈多則年代就愈晚。

而由台座的下方看，年代愈高的台座基本形式是三角形，隨著時間的演變台座也由三角形慢慢的變成橢圓形。

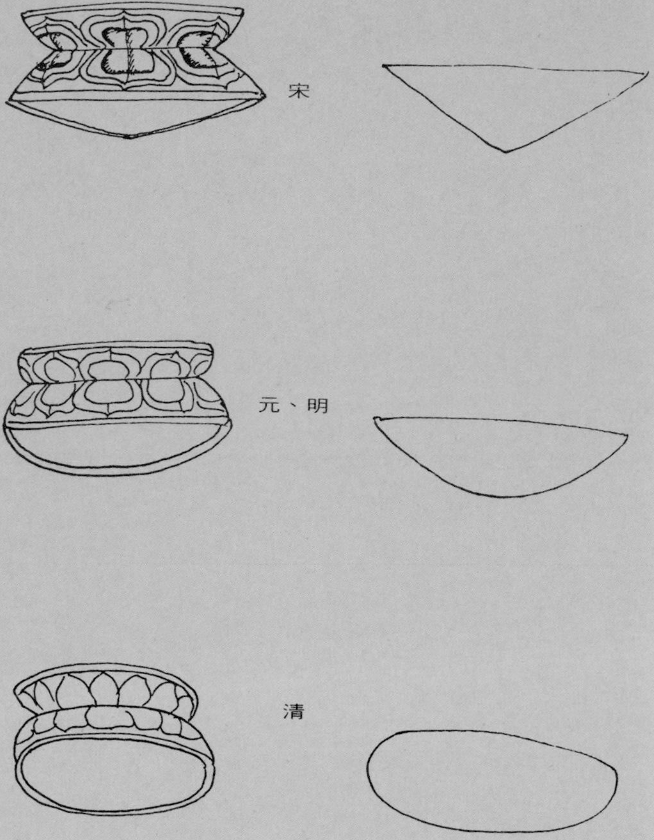

由台座下方可看出整個台座的基本形式，
凡是愈接近宋朝的台座，愈呈三角形；
凡是愈晚期的台座愈呈橢圓形，
而正面平直，後端部份介於三角形和橢圓形中間的
大約是明朝早期。

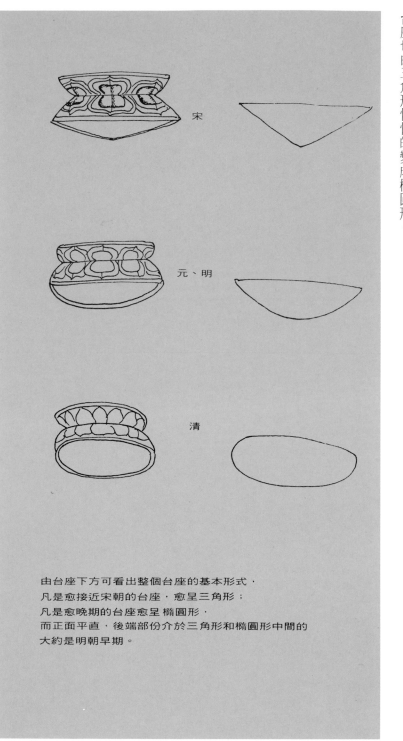

四臂觀音　遼　28×20×12cm　金銅雕刻

【背光、頭光】

五胡十六國時期的佛像背光呈短胖形，北魏時期背光逐漸往上拉長，扣除尖端部份不算的話大致呈圓形。

到了東魏時，背光拉得最長呈舟形背光。尤其背光的尖端非常的尖銳，像是一道光芒直指青天的感覺。

隋代時，佛像身後的背光已慢慢地消失了，而只剩下頭光。但頭光的尖端也像東魏時期的舟形背光一樣，其尖端非常尖銳。

唐代也和隋代一樣，佛菩薩大多有頭光而無背光，只是唐代的頭光的形狀比較近似水滴，尖端不像隋代那麼尖。

五代以後，佛像比較少有頭光、背光了。但到了明朝時代又開始有很多大型背光出現。

五胡十六國圓胖形背光

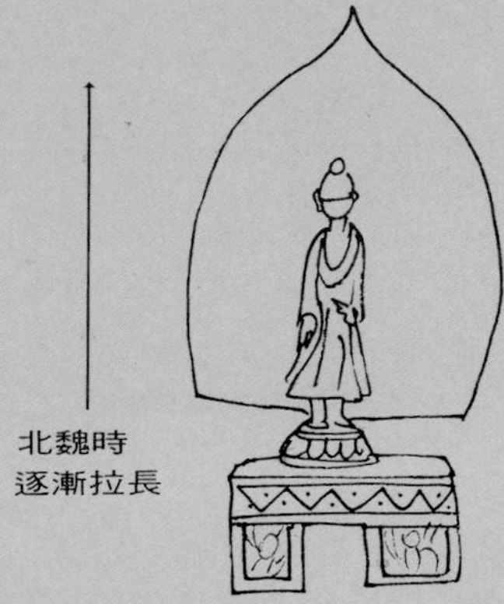

北魏

東魏

上品上生印彌陀　遼　15×9×9cm　金銅雕刻

【背光】

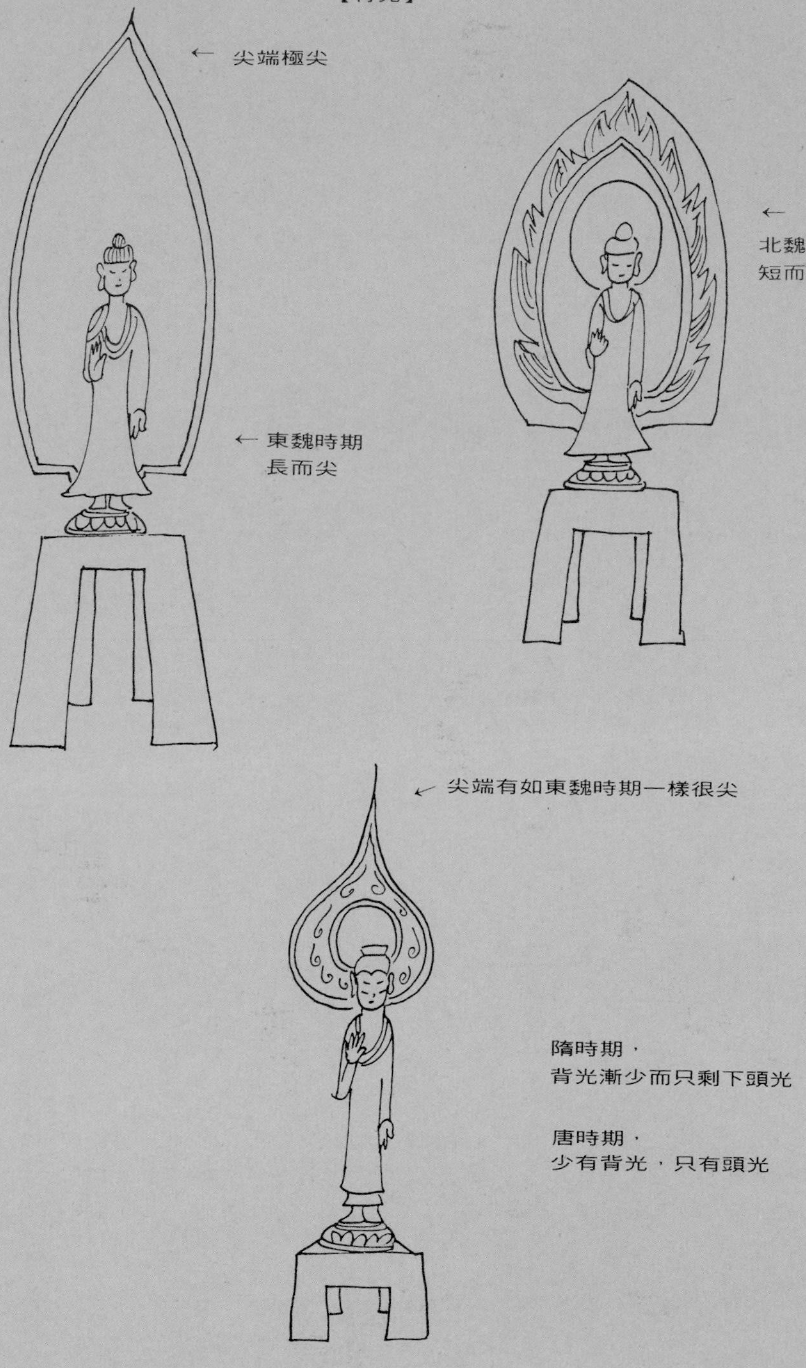
尖端極尖
東魏時期
長而尖
北魏時期
短而圓
尖端有如東魏時期一樣很尖
隋時期，
背光漸少而只剩下頭光
唐時期，
少有背光，只有頭光

上品上生印彌陀　遼　14×11×11cm　金銅雕刻

【衣結】

由五胡十六國到宋元明清的如來造像，除了北魏到唐代期間的如來會在衣領的對襟綁有衣結外，其餘的各個時期都少有綁衣結的形式出現。而綁衣結的方式北魏時期與東魏和唐代各有不同。

北魏時期的如來造像由於身形瘦長，如來佛的衣領對襟也因而狹長窄小，胸前所綁的衣結也瘦長而合攏。兩布條長長的垂落到外袍外面。

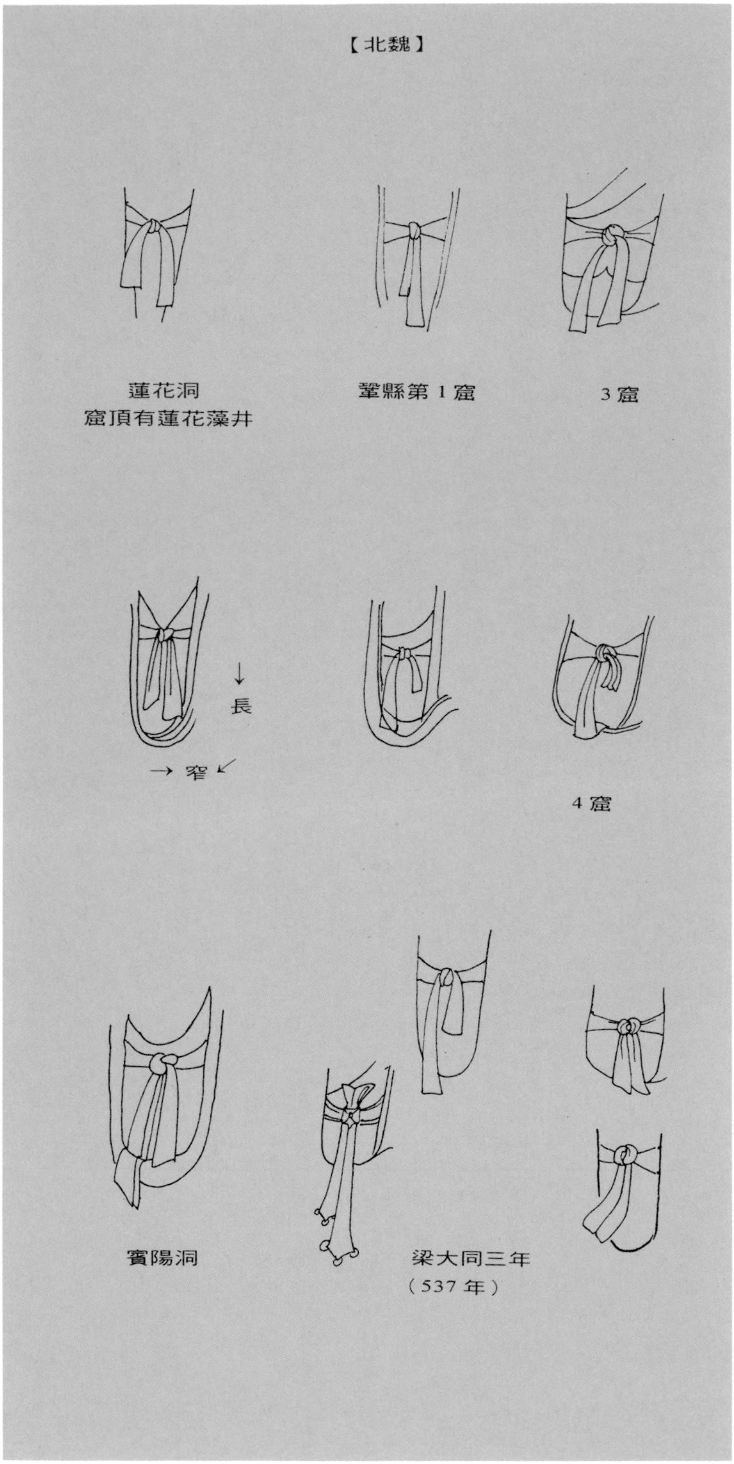

觀音　遼　15×8×7cm　金銅雕刻

東魏和北齊北周期間，如來佛的外袍胸前的對襟適中，但胸前少有綁衣結的現象，東魏時期所造的響堂山石窟裡的如來佛幾乎都全部未綁有胸前的衣結。

唐代時，由於佛造像氣魄非凡，相對著如來的外袍胸前對襟也最寬，衣結綁的位置也最低，兩布條短而分開，結的左右也呈不相稱的形式。

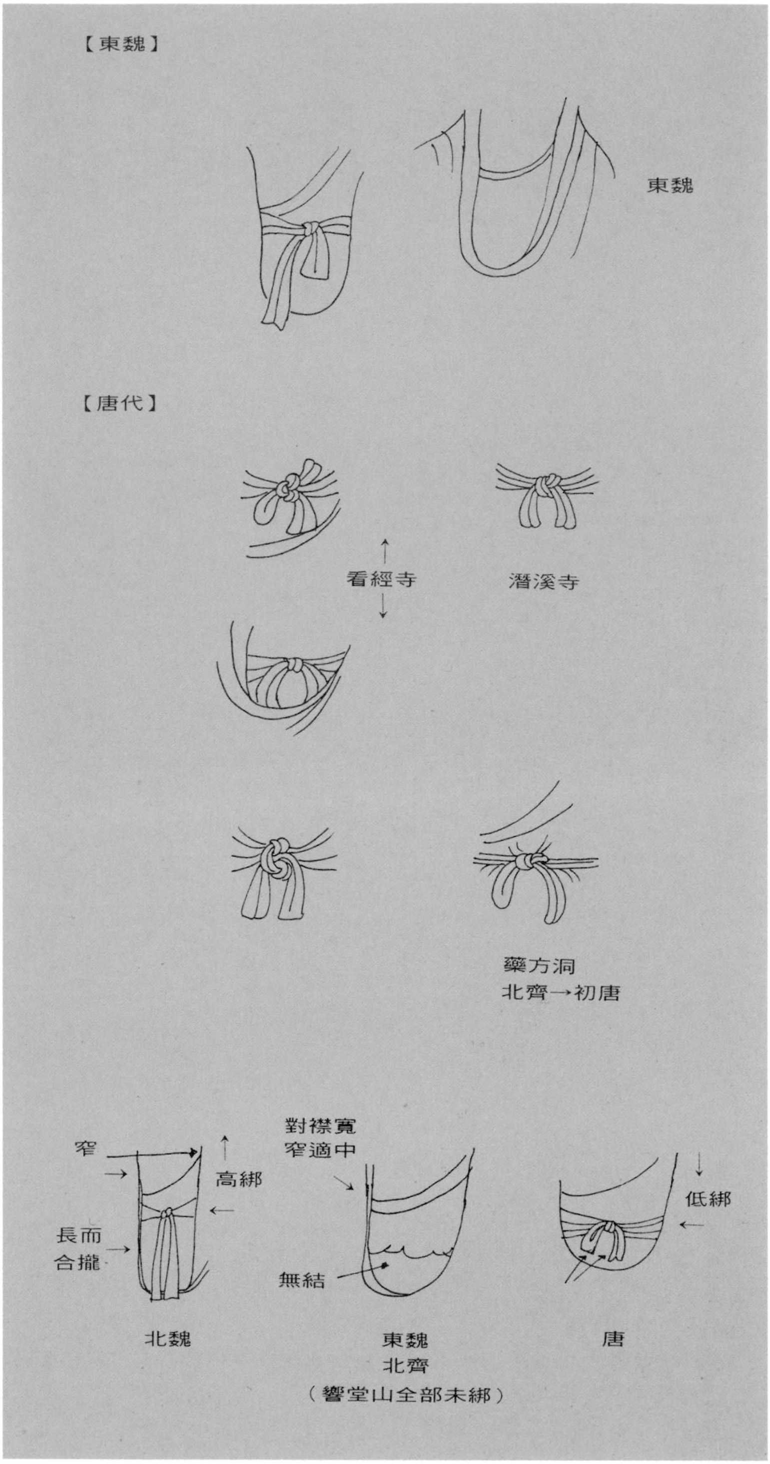

【胸結】

北魏——衣領對襟狹長而窄，胸結兩布條瘦長而合攏。

北齊東魏——如來外衣的對襟適中，胸前僧祇支通常都沒有綁結。

唐——如來外衣之對襟最寬，胸前結綁得最低，兩布條短而分開。

交腳菩薩　遼　27×10×10cm　金銅雕刻

【帽繒】

菩薩所戴的天冠兩邊都會結有帽繒，用以綁緊帽子不致於掉落。而由帽繒的長度也可以分斷出佛像的年代。

隋代菩薩的帽繒最長，有的幾乎垂到雙腳，慢慢的隨著時間，帽繒的長度也開始縮水。

唐代的帽繒長度大約到腰際。

遼代的帽繒最特別，其特徵是在帽子的兩邊耳朵的上方打了兩個蝴蝶結，再長長的垂到手肘附近，兩邊長而下垂的帽繒會分段再各打三、四個結。

北宋時代菩薩的帽繒喜歡垂到胸前再彎曲回去。

明清時代菩薩的帽繒已經縮得很短了，只足夠垂到耳際再彎曲反折回去。

【佛像菩薩帽繒】

帽繒的長度
隨時代縮水

隋

遼代的帽繒長
而下垂至手肘
分段再打結
帽繒打結作三叉形狀
是 11-13 世紀的特徵

遼　北宋　明清

合掌阿難　遼　14.5×3.5×3.5cm　金銅雕刻

【項圈】

菩薩的項圈也是由簡單而轉變爲繁複。在唐代以前，菩薩胸前所飾的項鍊形式都很簡單，有的只是一個項圈再分段鑲以寶石，慢慢的再發展成由寶石連接垂下長長珠鏈，珠鏈相交構成的紋飾，慢慢地愈來愈複雜，直到元朝爲最高峰，明清以後則再慢慢變回簡單，而發展到最後的形式則是項圈珠鍊的尾端呈三個放射狀。

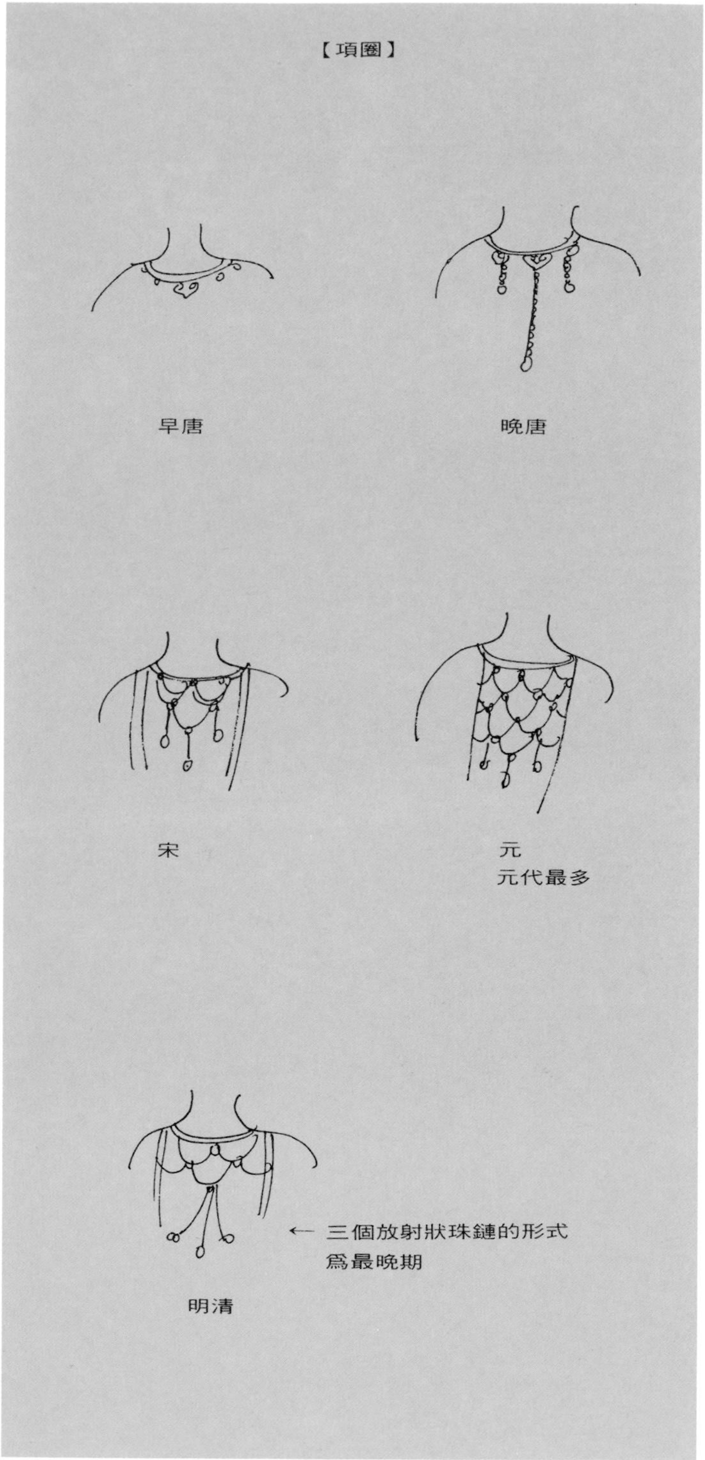

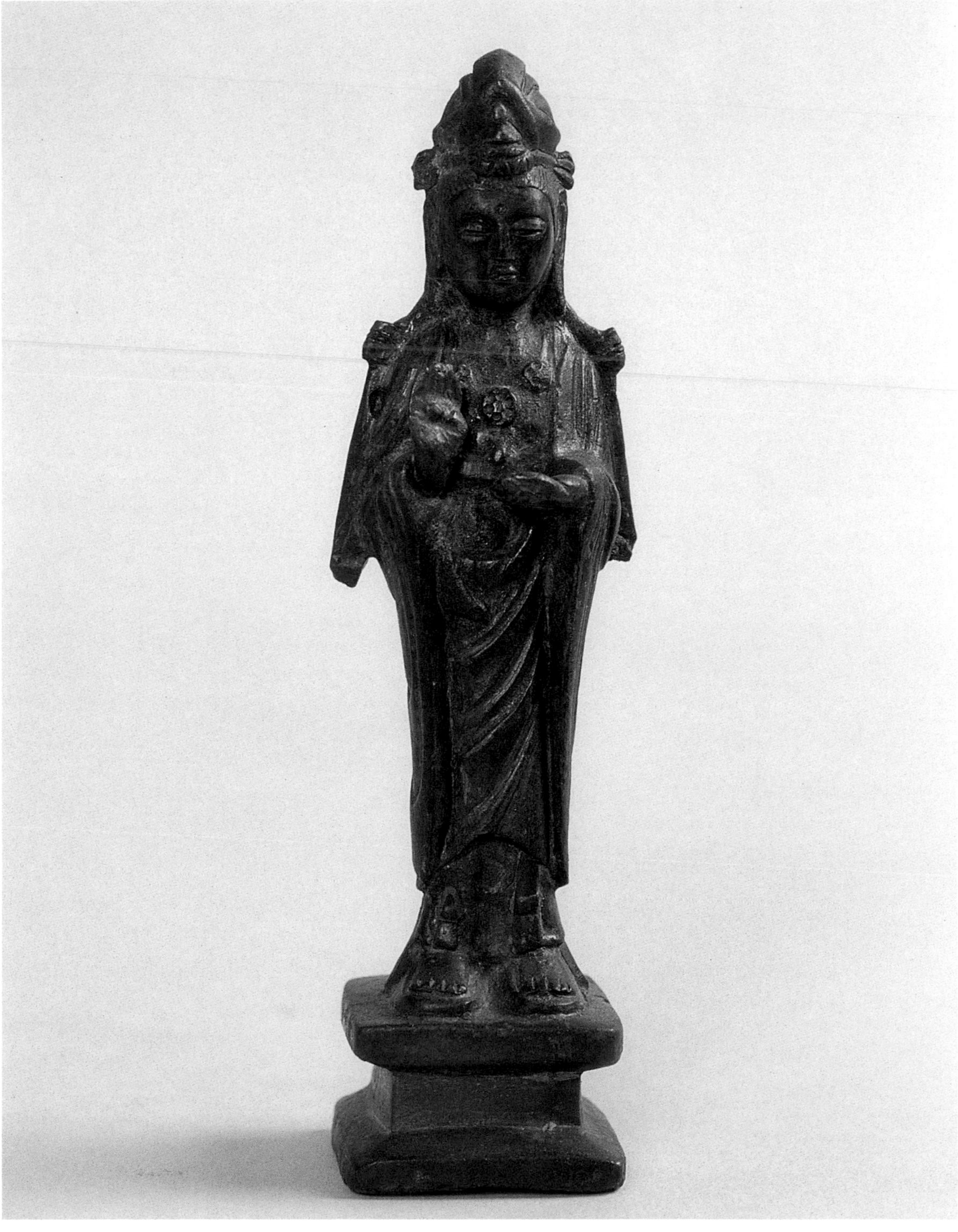

觀音　遼　15×4×4cm　金銅雕刻

【宋朝瓔珞】

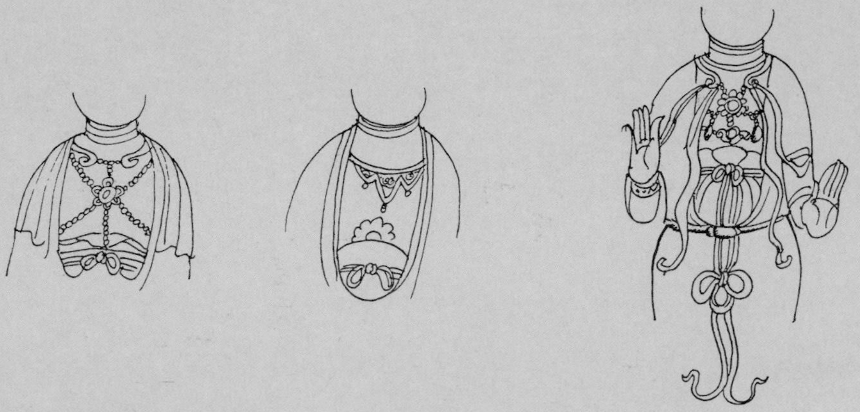

【元初宋末】

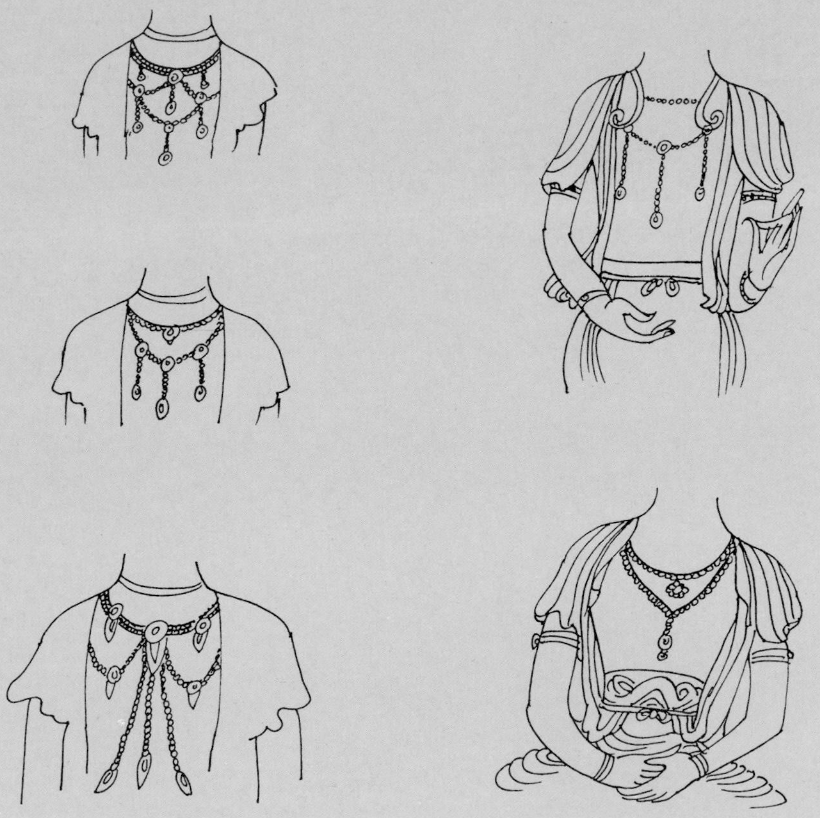

渡海觀音　北宋　35×10×15cm　金銅雕刻

【衣服下擺】

五胡十六國到北魏太和年間佛菩薩立像的衣服下擺並沒有往外翹的現象，自太和以後下擺開始往外拉出有如一對飛鳥的雙翅。這種下擺尾端外翹的現象發展到東魏正光年間爲最厲害，然後隨著時間演變，下擺慢慢內縮直到北齊時代已經又回到平順而下並無往外翹出的現象。

另外，坐姿的佛菩薩衣服的下擺在唐宋以前都喜歡讓它們垂到下面，元代和明朝早期則開始往上縮水只剩下左右兩端的下擺會下垂到台座的腰際。

明朝中期至清代時，坐姿的佛菩薩下擺已經完全縮到台座上面無下垂的現象。

【衣服下擺】

北魏時期太和年間開始，下擺有如飛鳥的翅膀慢慢的往外翹，到東魏正光年間（520 年）外翹得最厲害。

熙平三年（518 年）

東魏時期下擺開始內縮

北齊、隋、唐時代下擺只是平順而下，並無往外翹的狀況。

天統五年（569 年）

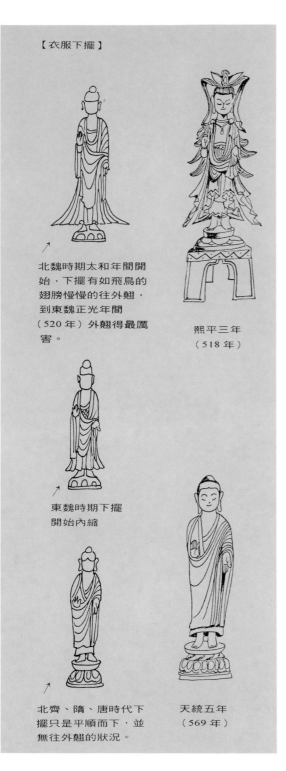

獅子座如來　北宋　20×12.5×8.5cm　金銅雕刻

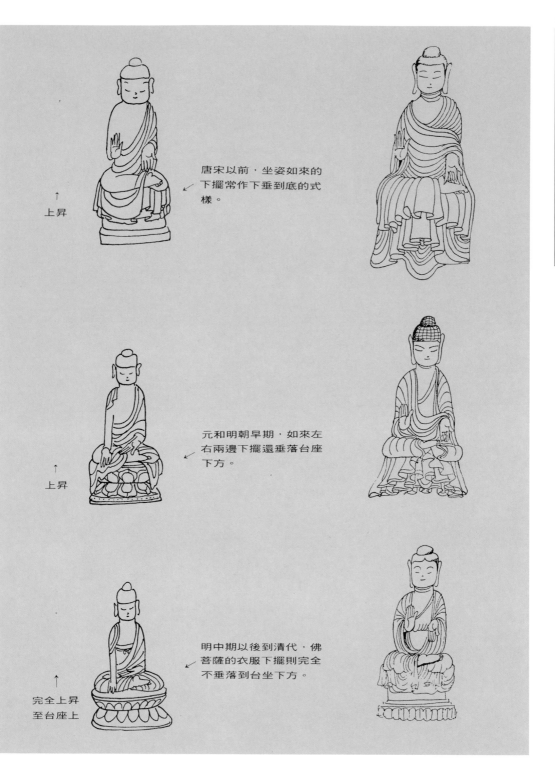

↑
上昇

唐宋以前，坐姿如來的下擺常作下垂到底的式樣。

↑
上昇

元和明朝早期，如來左右兩邊下擺還垂落台座下方。

↑
完全上昇至台座上

明中期以後到清代，佛菩薩的衣服下擺則完全不垂落到台坐下方。

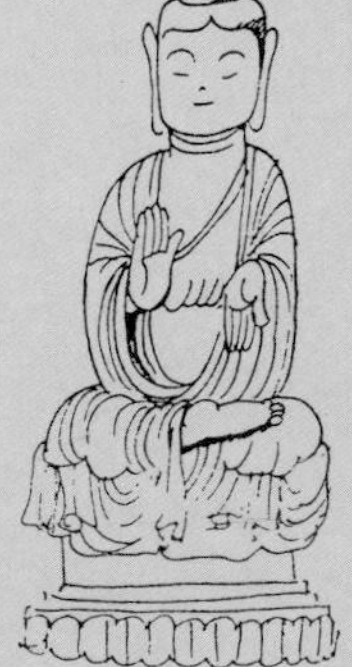

文殊菩薩　北宋　12×7×4.5cm　金銅雕刻

【天冠】

高古菩薩的天冠形式很多，但通常都不刻意強調，演變到唐朝時代菩薩所戴的天冠最簡單，常常只在正面作一高凸造型，裡面再鑲以寶石飾物或刻一化佛。

由唐代開始再由簡而慢慢的逐漸變爲繁複，從單片式變成三片式、五片式、七片式的天冠。

故由菩薩的天冠也可分出年代，凡是愈簡單的就愈接近唐，凡是愈繁複的就愈接近清代。

【天冠】
北魏時代的菩薩天冠式樣很多，但通常造型的形式都很簡單。
唐時代菩薩的天冠形式最簡化
由唐代開始再慢慢地由簡入繁
到了清代時菩薩的天冠變得最複雜
← 北宋

騎獅阿彌陀佛　北宋　12.5×9×5cm　金銅雕刻

【天冠】之演變

平均五片式天冠

一大六小式天冠

遼、北宋

單片 →

唐

一尖五片式天冠

蔓花冠
中隆繁花式

南宋、元

三面 →

天冠由唐代的正面一小片化佛或飾物鑲以寶石的簡單形式，到遼和北宋時代慢慢由簡入繁，由單片天冠演變爲單面大天冠，再演變爲三片、五片、七片式的繁複天冠。

明、清

五面 →

蔓花冠

酣睡中的佛陀　南宋　12×11.5×12cm　金銅雕刻

【遼代菩薩的天冠】

酣睡中的佛陀　南宋　12×11.5×12cm　金銅雕刻

【明代菩薩的天冠】

明五尖、七尖、九尖式天冠

明五片式天冠

吹口哨明王　南宋　20×15×10cm　金銅雕刻

【手紋】

如果由唐代算起，中國佛教造像的細部配件、飾物和線條紋路等差不多可以說是一條由簡約而進入繁複的過程。但唯一反其道而行的是手心的掌紋，手掌紋的演化方式是唐代以前非常寫實，有的佛像掌紋刻畫得連生命線、智慧線都，有描繪精細得差不多可以替他算命了，大概是受到印度犍陀羅寫實風格的影響還保留到唐代尚未消失。

唐以後佛像的掌紋則由寫實慢慢走向圖案式，宋元時期寫實風格只剩下象徵性的兩道紋路，明清以後則變成圖案式的由四道紋路變爲兩道弧線。

【掌紋】

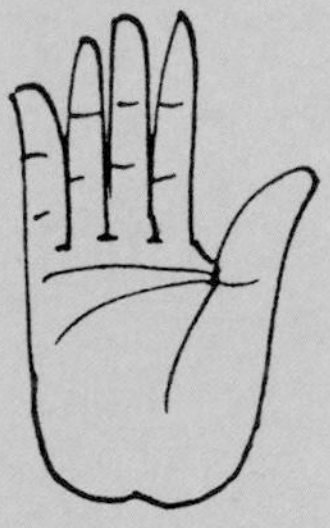

唐代以前佛像的掌紋與眞人一樣

宋元時期只剩象徵性的兩道紋路

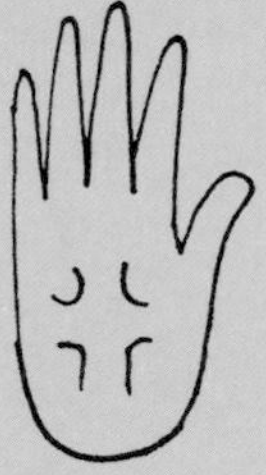

明清時則慢慢演變爲圖案式

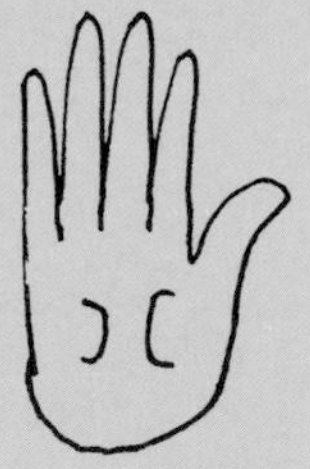

釋迦誕生像　南宋　50×20×20cm　金銅雕刻

【白毫】

我們常看到各個朝代製作的大形木雕、泥塑、石雕佛像的額頭中心留下一個大洞，大概當初製作時在白毫處鑲以寶石，而這些貴重的寶石被後世人所盜走了而只剩下那個洞而已。由此看來木雕與泥塑的佛像由於體積大，所以不同年代製作時都會按經典儀軌裡的三十二相八十種好裡的第三十一相——眉間白毫相，兩眉之間有白毫，右旋常放光也。

但是銅佛則可能是由於體積小，眉間刻有白毫的佛像不多，唯有北宋到早明中間所鑄造的佛像有白毫，而白毫的演變形式是——北宋時期白毫大而位置正好在兩眉之間，元代到早明時白毫則慢慢變小，位置也一直往上移。明朝早期的佛菩薩白毫刻得很小，位置大約在髮際，明中期以後白毫就更少有了。

【白毫之演變】

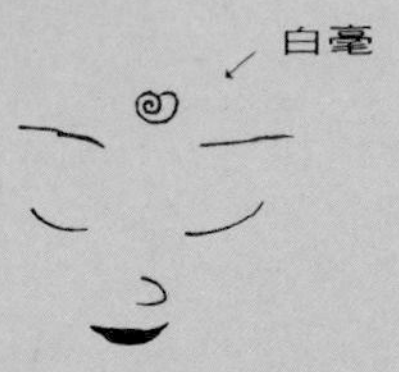

①
唐、北宋

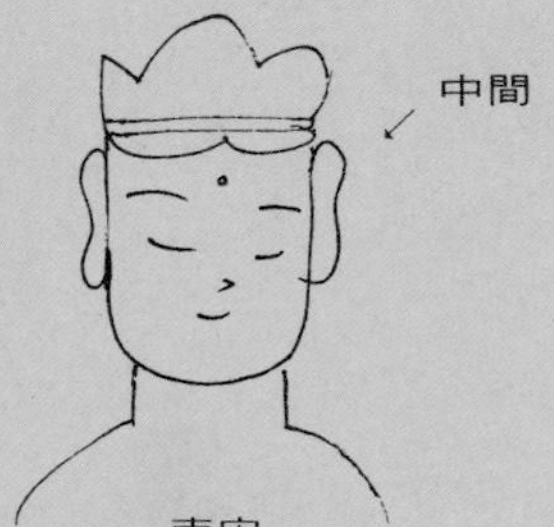

②
南宋

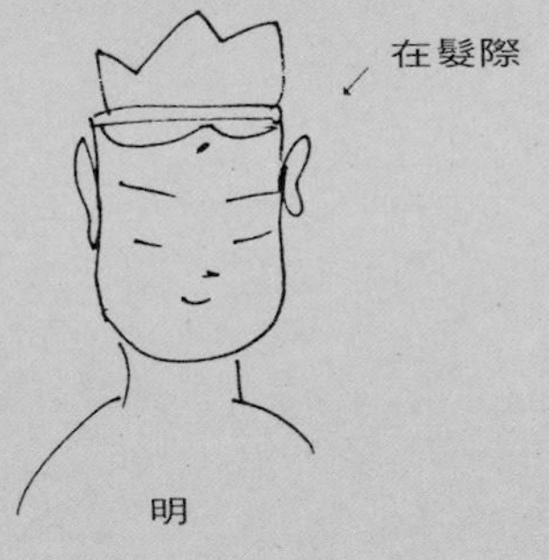

③
明

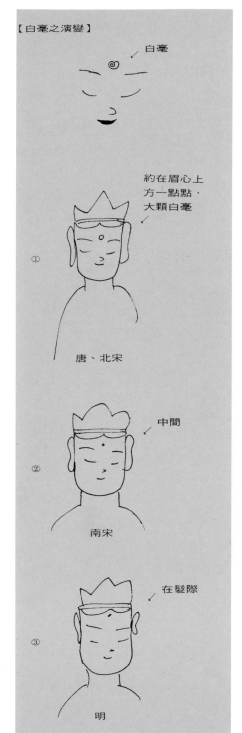

阿彌陀佛　南宋　20×4×9cm　金銅雕刻

【衣褶線條】

唐、五代以前的佛像的線條通常都是採用陰刻一線到底的方式呈現，到了宋元時期才開始有微微波浪式並有凸起的衣褶出現，但領口通常還是沒有打摺而採用一弧線直達腰際。衣領的邊緣雖留有領邊，但通常並未飾以花紋裝飾。

明清以來，佛菩薩的衣服線條已經少有採用一線到底的圖案方式，而採用素描寫實的風格來突顯衣褶的真實感，領口的邊緣飾有陰刻花草紋，而衣領會在脖子的下方作一左右相稱的打摺。

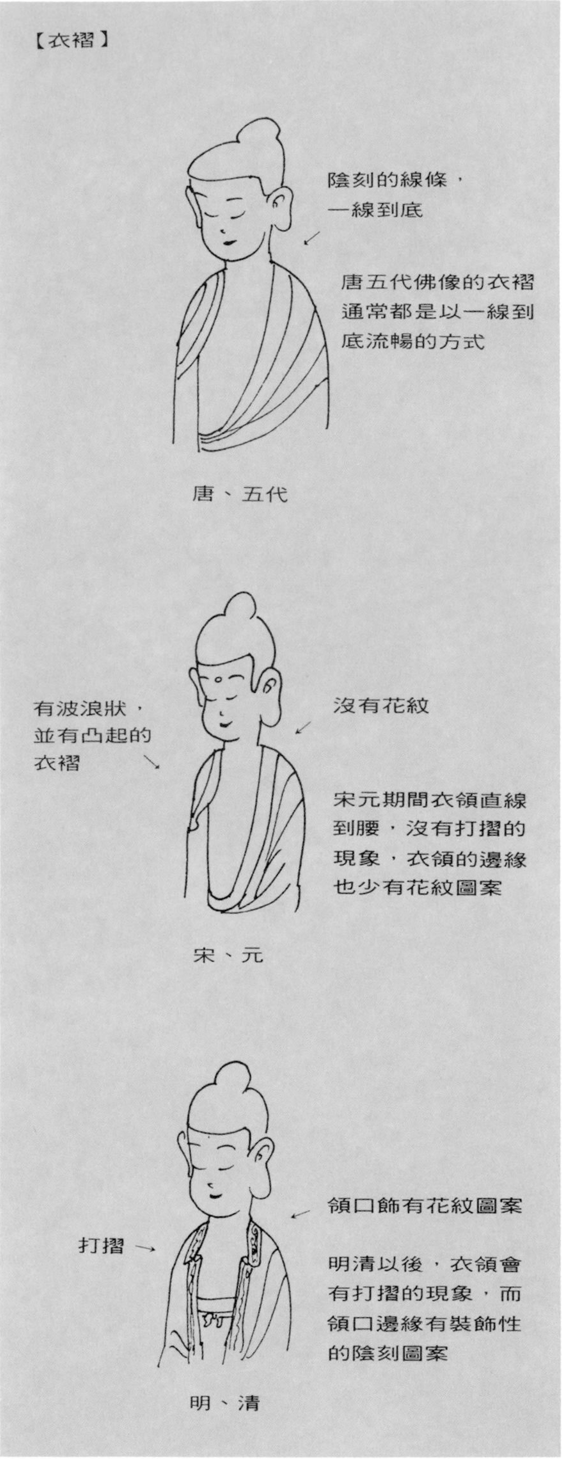
【衣褶】
陰刻的線條，一線到底
唐五代佛像的衣褶通常都是以一線到底流暢的方式
唐、五代
有波浪狀，並有凸起的衣褶
沒有花紋
宋元期間衣領直線到腰，沒有打摺的現象，衣領的邊緣也少有花紋圖案
宋、元
領口飾有花紋圖案
打摺
明清以後，衣領會有打摺的現象，而領口邊緣有裝飾性的陰刻圖案
明、清

淮堤佛母　南宋　21×15×6cm　金銅雕刻

【手印】

由五胡十六國到北宋期間，高古佛像的手印也與元明清時代的手印不同，北魏以前佛像的手印大概是受到印度佛像的影響，常有左手抓衣服的手印，而最常見的入定印也與後世雙掌相交平置於膝的方式不同，而是雙掌互疊側置於腹前，因此由正面看可以看到整個手背。其他高古佛像最常做的手印是施無畏印、與願印、虛拈印、說法印等等。

元明清時代的佛像姿勢手印等因爲受了藏傳佛教的影響，通常都作五方佛的手印。

以上這些由佛像的細部分解來觀察、分析、歸納可以得知一個結論就是「由簡而入繁」、「由長而變短」、「由少而變多」。

帽綹與衣服的下擺由隋代開始縮水，白毫由北宋時代的大而低，變爲小而高，直到消失……

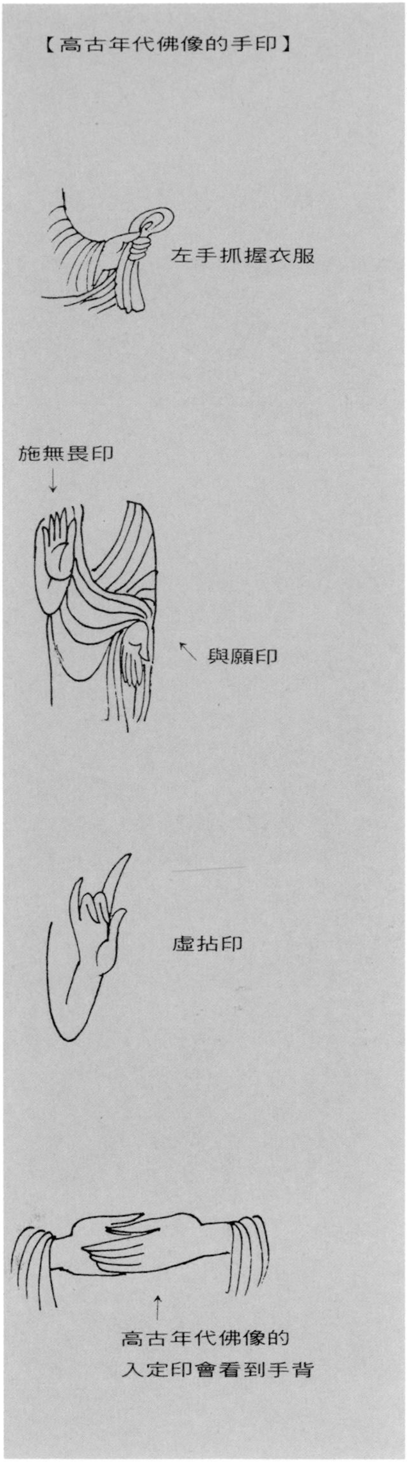

摩利支天　元　39×24×15cm　金銅雕刻

蓮花台座的花瓣由少片而大，變爲小而多片。

四腳台座由高而粗壯，變爲低而細薄。

衣褶線條由圖案式的單線一線到底，變爲凹凸起伏的寫實作風。

頸部的項圈由簡單而變爲繁複。

天冠由簡單形式變爲三片式、五片式、七片式。

這些由少變多、由簡變繁的原理正符合宇宙物理定律熱力學熵值變大的原理一致。也契合科學家、哲學家所說的……「宇宙中所有一切事物的變化，都會走向相同的途徑。」

當然以上這些對中國佛像的分析只是我個人以儘可能的宏觀角度來看，和儘可能的以最多資料來分析，所歸納出來的一點結論，其中不涵蓋少數體系外的例外。如果有一些特殊的越體造型不合乎本文所說的，那也可能是主流體系之外的特殊例子。

本文所採取的佛像造型資料，除唐代以前的有很多是石雕和泥塑之外，唐以後的佛像造型資料大多是採用銅佛像做爲範本。因爲我相信只有大型石窟或大的寺院所塑造的佛像可以依循來做爲時代的參考，那些偏遠地區的小型石窟所雕的佛像和單獨個案所雕刻出來的木刻，是沒有辦法來做爲時代造型的基本標準，因爲他們多少都會受到臨近地區的古老佛教造像的影響而有仿古的現象，所以不能拿來做爲那個時代的標竿。例如有一匠人他有了一塊上好的木頭，想自己雕刻一尊佛像，他能參考的佛像造型就是到附近寺院裡去觀摩供奉在這寺院裡的佛像，不管這寺院裡供奉的佛像是什麼年代製作的，但他也會如法泡製一番，因此我常看到很多小件的木雕都有仿古的現象。而銅佛像則不會有這種仿古現象，因爲自古以來鑄製銅佛就是一門高科技，從

【元、明、清佛像的手勢】

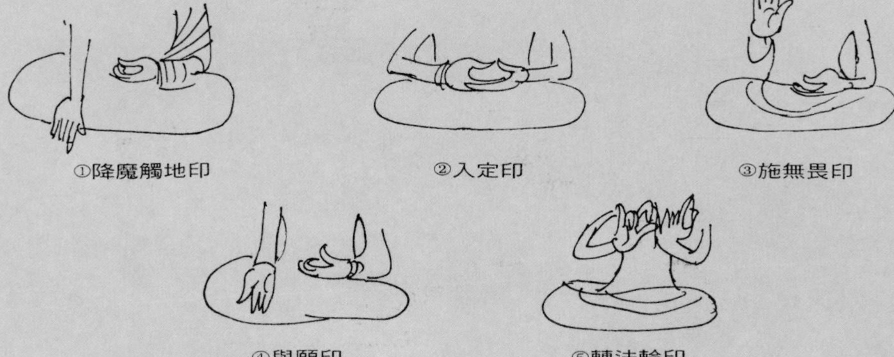

①降魔觸地印　②入定印　③施無畏印　④與願印　⑤轉法輪印

持經如來三尊　元　25×9×7cm　金銅雕刻

冶銅、塑胎、脫蠟、鑄銅到打磨鎏金等等步驟就不是一個人能獨立完成的事。銅佛的鑄造必須有一組專業人士通力合作才能做出來的，因此這組專業組織裡必有師父和徒子徒孫一起一代一代的薪火相傳，師父製作佛像的風格是受到師公的影響，而師父的風格影響了徒弟，徒弟所學得的風格有師父的影子同時也有師公的影子，而他自己的風格也將影響他的徒子徒孫。因此一尊銅佛會有現在它這個樣子是受到了七十五年前的影響，而它本身的風格也將影響後世七十五年。

一百年前敘利亞的哲學家季伯倫說：「我看到一個女人的臉，就看到了她所有的還未出生的兒女。而一個女人看了我臉，就認得了在她還未出世之前就已經死去了的我的歷代祖先。」

佛像也是如此，從一尊佛像你可以看到從前佛像的影子，也可以看到之後佛像未來的樣子。

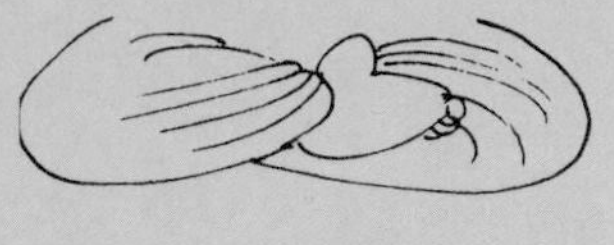

從五胡十六國到遼代，佛菩薩通常都做半跏坐，只有一隻右腳會露出衣服外邊，而這隻外露的腳通常都很肥厚多肉。

南宋早期與金代時，還是只露出衣角，但另外一邊則會有類似腳盤的衣服縐褶。

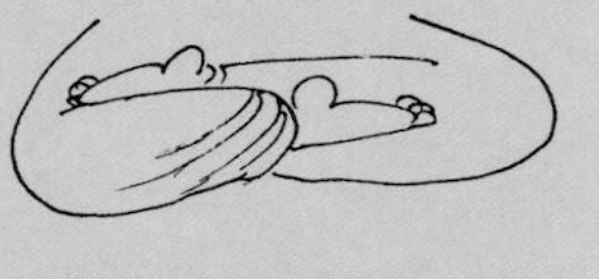

元明以後，佛坐姿多採用金剛跏趺坐，兩隻腳板都外露，腳掌也顯得平而瘦，有時還採用近似鋼琴鍵一般的腳趾頭，只用陰線簡單刻畫一下指頭的輪廓而已。

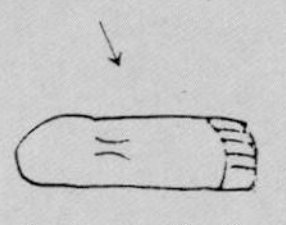

苦行釋迦　元　17×13×11cm　金銅雕刻

雪山居士（苦行釋迦）　明初　27×13×8cm　金銅雕刻

苦行釋迦　明　15×11×7.5cm　金銅雕刻

持如意羅漢　明　20×6×5cm　金銅雕刻

阿彌陀佛　明　31×11×9cm　金銅雕刻

釋迦如來與二弟子　南宋晚期　25×17×10.5cm，22×8.5×8.5cm，22×8.5×8.5cm　金銅雕刻

觀世音菩薩　明　48×18×13cm，58×30×23cm，48×18×13cm　金銅雕刻

關公、關平、周倉　明　35×11×11cm，42×23×15cm，34×11×11cm　金銅雕刻

東方三聖（藥師佛、日光菩薩、月光菩薩）　明　15.5×9×5cm，16.5×11×7cm，15.5×9×5cm　金銅雕刻

藥師三尊　明　12×7×6cm，12.5×7×6cm，12×7×6cm　金銅雕刻

藥師三尊　明　12×7×6cm，12.5×7×6cm，12×7×6cm　金銅雕刻

華嚴三聖　明　18×12.5×8.5cm · 53×25×17cm · 18×12.5×8.5cm　金銅雕刻

釋迦如來與迦葉、阿難二弟子　明　17×7×6cm，42×22×11cm，17×7×6cm　金銅雕刻

持數珠乾隆皇帝　清　23×9×7cm，33×21×9cm，23×9×7cm　金銅雕刻

六臂日月觀音　明　26×15×12cm　金銅雕刻

關公　明　32×18×12cm　金銅雕刻

關公與四大護法武將文官　26×9×8cm（四大護法）　金銅雕刻

普賢菩薩　明　22×14×9cm　金銅雕刻

文殊菩薩　明　25×13×8.5cm　金銅雕刻

北方天王護法・多聞天王　明　18.5×10×6cm　金銅雕刻

大肚天冠彌勒　明　27×15.5×10cm　金銅雕刻

僧形地藏　明　21×14×10cm　金銅雕刻

觀經阿難　明　17×11×7cm　金銅雕刻

阿彌陀佛　明　32×16×16cm　金銅雕刻

阿彌陀佛　明　36×14×11cm　金銅雕刻

金剛智拳印之大日如來　明　22×16×11cm　金銅雕刻

阿彌陀佛　明　22×16.5×13cm　金銅雕刻

阿彌陀佛　明　30×25×14cm　金銅雕刻

地藏菩薩　明　40×23×15cm　金銅雕刻

持降魔杵韋陀　明　43×16×15cm　金銅雕刻

天冠藥師如來　明　39×21×11cm　金銅雕刻

獅子無畏觀音　明　37×21×12cm　金銅雕刻

布袋和尚　明中期　12×12×10.5cm　金銅雕刻

苦行釋迦　明　32×22×16cm　金銅雕刻

羅漢石叟造像　清　19×14×12cm　金銅雕刻

羅漢　清　13×6×4cm　金銅雕刻

鎏金珐瑯羅漢　大清乾隆　16×11×9cm

長壽佛　大清乾隆　21×11.5×9cm　金銅雕刻

觀經證嚴法師　現代　13×5.5×4cm　金銅雕刻

六種地藏之——延命地藏

六種地藏之一——九華山新羅國地藏與道明、閔公二弟子
8×2.5×2cm，17.5×11×8cm，9×3×2.5cm　金銅雕刻

作者簡介
蔡志忠

1948　生於彰化縣
1963　開始畫連環漫畫
1971　任光啓社電視美術指導
1976　成立遠東卡通公司
1981　拍攝卡通作品〈七彩老夫子〉獲金馬獎最佳卡通影片
1983　四格漫畫作品開始在台灣、香港、新加坡、馬來西亞、日本報章長期連載
1985　獲選爲全國十大傑出青年
1986　《莊子說》出版，蟬聯暢銷書排行版第一名達十個月
1987　《老子說》等經典漫畫、《西遊記 38 變》等四格漫畫陸續出版，譯本包括德、日、俄、法至今已達二十餘種語言。
1992　開始從事水墨畫創作
　　　《蔡志忠經典漫畫珍藏本》出版
1993　口述自傳《蔡子說》出版
1994　《後西遊記》獲第一屆漫畫讀物金鼎獎
1997　金銅佛收藏品參與歷史博物館「法相之美——金銅佛造像特展」展出

國家圖書館出版品預行編目資料

中國金銅佛像/蔡志忠著－－初版，－－臺北市
；藝術家， 1997〔民 86〕
面： 公分 ----- （佛教美術全集：3）
ISBN 957-9530-80-7 （精裝）

1. 佛像 · 2. 佛教藝術 － 中國

224.6   86010653

佛教美術全集〈參〉

中國金銅佛像

蔡志忠◎著

發行人　何政廣
主　編　王庭玫
編　輯　王貞閔・許玉鈴
美　編　蔣豐雯・張端瑜
攝　影　楊永山・林日山
出版者　藝術家出版社
　　　　台北市重慶南路一段 147 號 6 樓
　　　　TEL：（02）3719692~3
　　　　FAX：（02）3317096
　　　　郵政劃撥：0104479-8 號帳戶

總 經 銷　時報文化出版企業股份有限公司
　　　　　桃園縣龜山鄉萬壽路二段351號
　　　　　TEL:（02）2306-6842

分　社　台南市西門路一段 223 巷 10 弄 26 號
　　　　TEL：（06）2617268
　　　　FAX：（06）2637698
　　　　台中縣潭子鄉大豐路三段 186 巷 6 弄 35 號
　　　　TEL：（04）5340234
　　　　FAX：（04）5331186

製　版　新豪華彩色製版有限公司
印　刷　欣佑彩色印刷有限公司
初版　　1997 年 9 月
定　價　台幣 600 元
ISBN　　957-9530-80-7
法律顧問　蕭雄淋